Fremdsprachentexte

Yann Queffélec

Noir Animal ou la Menace

Roman

Herausgegeben von
Helmut Keil

Philipp Reclam jun. Stuttgart

Diese Ausgabe darf nur in der Bundesrepublik Deutschland, in Österreich und in der Schweiz vertrieben werden.

Universal-Bibliothek Nr. 9089

Gesamtherstellung: Reclam, Ditzingen. Printed in Germany 2001
RECLAM und UNIVERSAL-BIBLIOTHEK sind eingetragene Marken der Philipp Reclam jun. GmbH & Co., Stuttgart
ISBN 3-15-009089-X

www.reclam.de

1

Vingt francs c'est vingt francs. C'est ton fric, Charlie. T'as déjà un vrai billet national, pour vingt francs, un zéro, la gueule d'une célébrité. Tu nourris un clochard un mois si t'es pas manchot. T'en as qui vont tirer dans les rues à vieilles, à ce prix-là. Quand on s'est crevé sang et eau la paillasse on veut pas se les faire piquer, on veut pas! Ni par sa mère ni par son frère. Chacun son fric, Charlie, sa peau du cul.

Et quand on est nègre, alors, j'te dis pas. Et quand on sort d'une institution publique où jamais on retournera la peau du cul c'est sacré, Charlie. On lâche pas son fric. On serre les dents comme un rat. On attend la fin du combat. Ton frère c'est pas lui qui fait la loi. Y va où le skin! C'est quoi, vingt francs pour un magasinier du Franprix! Et j'te dis pas les combines avec la thune, il se sert directement dans la poche des métèques où la thune est toujours volée.

– Tu marmonnes, Charlie …

2 **le fric** (pop.): Zaster, Moneten.
4 **la célébrité:** Berühmtheit, berühmte Persönlichkeit.
5 **manchot, e:** einarmig; hier: ungeschickt.
tirer (*un coup*) (pop.): bumsen.
6f. **se crever sang et eau la paillasse:** sich anstrengen, sich abquälen.
7 **piquer** (pop.): stehlen, stibitzen, klauen.
9 **la peau du cul** (pop.): hier: sein kärgliches Selbstverdientes, sein geringes Erspartes.
11 **une institution publique:** hier: Waisenhaus.
15 **le skin**(*head*) (angl.): Angehöriger einer rechtsradikalen Gruppe.
15f. **le magasinier:** Lagerverwalter.
16 **la combine:** Kniff, Trick, Masche.
17 **la thune** (pop.): altes Fünf-Franc-Stück; hier: Zaster.
17f. **le métèque:** lästiger Ausländer in Frankreich.
19 **marmonner:** in den Bart murmeln, brummeln, murren.

– Je m'applique c'est tout. C'est crevant, les yeux. Six cents yeux, mademoiselle Irsch, avec les chevaux.

– Tu trouves que vingt francs c'est pas beaucoup.

– Je trouve que ça va, mademoiselle Irsch.

C'est des clopinettes, mais la thune se fait pas en un jour. Jour après jour, clopinette après clopinette le pognon devient pognon. Juré qu'il l'aura son habit rouge de basketteur amerloque et plus tard le survêtement fluo qui fait huit cents francs moins la réduction du collège au supermarché des Olympes. Il paiera cash, il entendra pas gueuler à la sortie les détecteurs de chèques en bois. Si bien qu'il va tous les lundis soir galérer chez mademoiselle Irsch après la classe et le boulot d'une fois sur l'autre est toujours aussi nul, et la vieille aussi bigleuse avec ses lunettes à moitié fumées. Et lui sans ronchonner il abat la besogne en rade: astiquer les poignées de cuivre et les couverts en argent massif, épousseter les moutons sous les meubles où la femme de mé-

1 **crevant** (pop.): höchst langweilig; sehr anstrengend.
5 **la clopinette** (pop.): Kleingeld.
7 **le pognon** (pop.): Zaster, Kies, Moneten.
8 **le basketteur amerloque** (pop.): amerikanischer Basketballspieler.
8 f. **le survêtement fluo:** Trainingsanzug mit changierender Farbe.
11 **le détecteur:** hier: Kaufhausdetektiv.
11 f. **le chèque en bois:** ungedeckter Scheck.
12 **galérer:** hart arbeiten.
13 **le boulot** (pop.): Arbeit.
15 **la bigleuse:** Schielerin.
fumé, e: (rauch)geschwärzt.
16 **ronchonner:** meckern, nörgeln.
abattre la besogne: tüchtig arbeiten.
en rade: auf der Reede; hier: auf Lager.
astiquer: polieren, wienern, putzen.
17 f. **épousseter:** abstauben.
18 **le mouton:** hier: Staubflocke unter Möbeln.

nage fourre jamais son nez, brancher les tapettes à souris, émietter les croûtons des piafs, descendre les poubelles et remonter vaporiser du foudroyant longue durée sur les parties tièdes où les cafards sont les premiers à pulluler dès qu'y fait nuit.

– J'sais pas ce que t'as, Charlie.

– Tous ces petits yeux, ça fait mal aux yeux, mademoiselle Irsch.

– Quand tu faisais les boutons tu n'étais pas si nerveux.

Aveugle et futée, la vieille. Elle entendait avec sa bouche, avec ses cheveux en touffe de balai, avec la robe de chambre à lézards chinois, et ses mains voyaient du bout des doigts si les poignées étaient bien frottées, si les couverts brillaient, s'il avait tout rangé dans les bons casiers du tiroir. Elle avait seulement des travaux de femme à lui donner et pour pas être injurieuse elle avait ressorti d'un carton les soldats miniature de Napoléon, les cantinières, les généraux, les cavaliers

1 **fourrer son nez:** seine Nase hineinstecken.
brancher: anschließen, (Falle) stellen.
1 f. **la tapette à souris** (f.): Mausefalle.
2 **émietter:** zerkrümeln, zerbröckeln.
le croûton: Stück Brotrinde, Brotkruste.
le piaf (pop.): Vogel, Spatz.
3 **vaporiser:** zerstäuben.
le foudroyant: hier: Ungeziefervernichtungsmittel.
4 **le cafard:** (Küchen-)Schabe.
5 **pulluler:** sich schnell vermehren, wimmeln.
11 **futé, e:** pfiffig, verschmitzt, schlau.
12 **la touffe:** Haarbüschel.
13 **le lézard:** Eidechse.
16 **le casier:** Ablegefach.
17 **injurieux, se:** beleidigend.
19 **la cantinière:** Marketenderin.

marron qui dataient d'une époque où le café Mio les mettait à l'œil dans ses paquets moulus. Mon fils a jamais trouvé le temps de les peindre et maintenant c'est toi mon garçon.

Quand il s'emmerdait trop à les peindre au mieux en respectant les documents, en détaillant les coloris à voix haute histoire d'épater la vieille, quand ça débordait sur la feutrine, il serrait les dents comme un rat. Elle branlait, la table, elle pliait sous les coudes et l'aveugle soufflait sur les petits soldats pour les sécher d'avance. Elle disait qu'ils s'étaient fait saigner au pont d'Arcole, à Wagram, à Lodi, sur les pyramides, et Charlie d'une oreille distraite il prenait son mal en patience, il était pas du genre à piquer la mouche en public. C'était grâce à Napoléon qu'il finirait dans la peau d'un basketteur amerloque, grâce au patronat du café Mio qu'il irait soupeser les nibards de Rita, la vendeuse de la librairie *Le Monde et ses publications.* Et surtout grâce à mademoiselle Irsch qui voyait rien et qui voyait tout comme une aveugle extraterrestre,

2 **à l'œil** (m.): gratis.
moudre: mahlen.
5 **s'emmerder** (vulg.): sich zu Tode langweilen, anöden, ankotzen.
6 **détailler:** ausführlich darlegen, genau beschreiben.
7 **épater:** verblüffen.
8 **la feutrine:** Filzunterlage.
9 **branler:** wackeln, schwanken.
11 **se faire saigner:** sich zur Ader lassen, sich große Opfer auferlegen.
12 **Arcole / Wagram / Lodi:** Schlachtorte der Napoleonischen Armee.
14 **piquer la mouche** (fam.): sich aufregen, gereizt werden, aufbrausen.
17 **soupeser:** in der Hand wiegen, betasten, befummeln.
les nibards (m., pop.): Busen, Titten.
20f. **extraterrestre:** außerirdisch.

et qui savait distinguer les gros billets des billets pas chers dans sa bourse à fermoir comme un vieux rognon.

Et même quand il avait les boules, elle voyait clair, elle posait sa main sur lui, elle tapotait, t'en fais pas Charlie, c'est pas si grave. C'est ton frère après tout. Il est blanc, t'es noir. Et alors? Vous devriez vous estimer heureux tous les deux. Mais bien sûr, mademoiselle Irsch, et c'est pas beau des frangins qui se tapent dessus. Mais moi j'ai pas commencé. Moi je voudrais qu'on m'adopte en vrai, pas pour voir si ça colle avec un malade mental, et si ça colle pas le négro de base à l'institution c'est bibi.

– T'as des soucis, Charlie.

– Je ferai pas tous les yeux ce soir, mademoiselle Irsch.

– Y a pas le feu, Charlie.

Y a le feu, justement. Il est mort de peur en sortant d'ici. Ça fait deux lundis qu'il ne peut pas rentrer au pavillon sans tomber sur les skins du passage Hirtoff, sur son frangin bidon qui joue les chefs, ton fric, Charlie, ton fric ou ta peau. Il arrive au pavillon trempé de

2 **le fermoir:** Verschluss, Schließe.
2f. **le rognon:** Niere.
4 **avoir les boules** (f., pop.): mit den Nerven am Ende sein.
5 **tapoter:** sanft klopfen.
9 **le frangin** (pop.): Bruder.
11 **ça colle** (pop.): es klappt, es passt.
12 **le malade mental:** Geisteskranker.
13 **bibi** (pop.): ich.
17 **y a pas le feu:** es eilt nicht.
21 **bidon** (pop.): falsch.
22 **le pavillon:** Einfamilienhaus.

bière, hirsute, et Mado lui sonne les cloches. D'où tu sors? Dans quel état? Qu'est-ce que tu sens? On t'a battu? Et pi quoi encore! T'es qu'un brodeur, Charlie, c'est marqué sur ta fiche et monsieur Valentin l'a souligné. Tu veux nous attirer des ennuis? Nous brouiller avec les voisins? Tu sais quoi? Pour la peine t'iras au lit sans manger, tu dormiras dans ton jus. T'as qu'à pas broder. N'oublie pas, Charlie, t'es pas chez toi, ici. T'es qu'à l'essai.

– C'est l'heure Charlie.

– À lundi mademoiselle Irsch.

– À lundi Charlie. N'oublie pas ta petite enveloppe.

2

Néry-le-Neuf, Néry-Village, un dédale de ruelles obscures et d'îlots bien glauques où les promoteurs se bousculaient pas. Il rentrait à la maison la trouille au bide. Il sifflotait son air de rap en marchant, vas-

1 **hirsute:** zerzaust, struppig.
sonner les cloches (f.) **à qn:** jdn. tüchtig abkanzeln.
3 **pi:** *puis.*
le brodeur (pop.): Lügner.
4 **la fiche:** Akte, Karteikarte.
5 **brouiller:** entzweien, verfeinden, sich überwerfen.
14 **le dédale:** Labyrinth.
15 **un îlot:** kleine Insel; hier: Häuserblock.
glauque: meergrün, blaugrün.
le promoteur: Promoter, Verkaufsleiter.
16 **se bousculer:** hetzen, schubsen, sich drängeln.
la trouille (pop.): (Riesen-)Angst, Schiss.
17 **le bide** (pop.): Bauch.
siffloter: durch die Zähne pfeifen, vor sich hin pfeifen.
un air de rap: Rapmelodie.

y-Charlie t'es-pas-si-p'tit. À dix heures il arrivait passage Hirtoff, une grille aux deux bouts, une loupiote au néon sur un poteau. D'un côté les habitations, le café Gino du rital, de l'autre les démolitions, la fabrique d'apéros sous scellés, le terrain vague et le nœud ferroviaire de la Plaine. Vas-y Charlie, t'es pas si petit. Il s'arrêta. Chez Gino la lumière bavait en rond sur le trottoir. Charlie flanqua son pied dans une poubelle et le bruit s'échappa, longea le passage et mourut là-bas entre les barreaux de la grille en face. Cool Charlie, vas-y. La dernière fois les skins l'attendaient au bistrot, le nez contre la vitrine, complètement pétés.

Il se remit à marcher en sifflotant. Dans trois minutes il mangerait ses grillados à la cuisine, il boirait son lait fraise et dans un quart d'heure au lit tranquille avec son album des *Passagers du vent.* Les nibards sont gratuits mais c'est du papier peint. Si ça merdait sous la loupiote, il n'avait qu'à retourner sonner chez mademoiselle Irsch.

Dès qu'il vit son ombre lui lécher le bout des pieds, Charlie s'élança comme si toutes les filles du collège

2 **la loupiote** (pop.): (elektrische) Lampe.
3 **le poteau:** Pfahl, Pfosten, Mast.
4 **le rital** (pop.): Italiener.
5 **un apéro** (fam.): Kurzform für *un apéritif.*
sous scellés: versiegelt (*le scellé:* gerichtliches, amtliches Siegel).
5f. **le nœud ferroviaire:** Eisenbahnknotenpunkt.
7 **baver:** herabfließen; hier: herabscheinen.
8 **flanquer son pied dans qc:** etwas einen anständigen Tritt geben.
la poubelle: Mülleimer.
10 **le barreau:** Querstab, Gitterstange.
12 **péter:** furzen; sich unanständig aufführen, lärmen.
17 **merder** (pop.): gefährlich werden, Stunk geben.
20 **lécher:** (be)lecken; hier: streifen.

hurlaient son nom dans les gradins un jour de compète au stade, comme si sa vraie mère africaine l'attendait à la grille au bout du passage entre des frères et sœurs qu'il n'avait jamais vus, qui battaient leurs mains en cadence et criaient: vas-y Charlie, t'es pas si petit. À peine s'il devina les crânes roses des skins massés derrière la vitrine embuée du rital. Qu'ils essaient de le rattraper, ces tantes! Il n'était plus Charlie Sanzor, le nègre adoptif de l'assistance publique, il était un dieu noir peint sur une bouteille de coca, l'idole des filles et l'amour de Rita, la vendeuse de la librairie *Le Monde et ses publications.* Les hourras lui brûlaient la tête.

Et soudain Charlie se rétama dans une flaque d'huile qui n'était pas arrivée là par hasard. Il resta plusieurs instants sonné sur l'asphalte et, quand il rouvrit les yeux, un skin hilare braillait: c'est moi qui l'ai réveillé!

Ils étaient sept ou huit, la boule à zéro, sinistres à la lumière du néon. Il entendit s'abaisser le rideau de fer du rital.

1 **hurler:** heulen, brüllen, schreien.
le gradin: Stufe, stufenförmig angeordnete Sitzreihe.
la compète (pop.): Kurzform für *la compétition:* Wettbewerb.
6 **masser:** gruppieren, in Massen versammeln, formieren.
7 **embuer:** beschlagen, feucht anlaufen.
8 **la tante** (pop.): Schwuler, Tunte.
14 **se rétamer** (pop.): hier: sich wälzen.
la flaque: Pfütze.
16 **sonner** (pop.): hier: zu Boden schlagen.
17 **hilare:** heiter, ausgelassen.
brailler (fam.): brüllen, johlen, kreischen.
19 **la boule à zéro** (pop.): kahl geschorener Schädel, Glatze.
sinistre: unheilvoll, erschreckend, Grauen erregend.

Éric lui posa son soulier sur la poitrine et il appuya si fort que Charlie faillit tourner de l'oeil.

– Alors, le nègre? On voulait pas payer?

– J'ai changé d'avis, je vais payer, je paierai tout ce que tu veux.

– Trop tard, le nègre. Cadence de combat. On est passé à l'ère du châtiment. Debout.

Il essaya de se relever mais l'un des skins le repoussa violemment en arrière et il s'étala de nouveau.

– Dis donc, le nègre, tu tiens pas sur tes cannes à sucre. On t'a dit: debout!

Charlie obéit, une persienne claqua.

– Barrons-nous, dit Éric, c'est plein de rats dans son genre en train de mater.

Il considéra les volets clos des pavillons qui bordaient la rue. «Appelez les flics, bande de rats, ou descendez si ça vous plaît pas.» Il éclata de rire et rota. «Les flics municipaux pareil, des minables et des rats!» D'une poche il sortit une bouteille de bière vide et l'envoya se briser contre une façade. Dans le même

2 **tourner de l'œil:** ohnmächtig werden.
7 **une ère:** Zeitabschnitt, Ära.
le châtiment: Züchtigung.
9 **s'étaler:** der Länge nach hinfallen.
10f. **la canne à sucre:** Zuckerrohr; hier: dürres Bein.
12 **la persienne:** Jalousie.
claquer: klappern, knallen, schlagen.
13 **se barrer** (pop.): türmen, sich aus dem Staub machen, die Kurve kratzen.
14 **mater** (pop.): beobachten, belauern, erspähen.
16 **le flic** (pop.): Polizist.
17 **roter:** rülpsen.
18 **municipal:** Gemeinde-, Stadt-.
le minable: Jämmerlicher, Erbärmlicher, Schäbiger.

mouvement il pivota sur les talons pour donner une claque molle à Charlie dont les dents s'entrechoquèrent. «Hé le nègre, fit-il en le saisissant par les oreilles, son visage tout près du sien, c'est con pour toi. Ton sursis est expiré.»

Charlie tremblait sans répondre, il entendait les skins ricaner, il se sentait sale et condamné.

– Tu frimes, fumier. Attends un peu, tu vas chier dans ton froc.

Éric lui passa des menottes et sur les menottes il accrocha le mousqueton d'une laisse de chien qu'il s'enroula autour du poignet.

– On y va. Les rats sont foutus d'appeler les rats.

Charlie fut traîné le long du mur. Le crépitement des chaussures cloutées résonnait démultiplié dans la rue, sans vie. S'il appelait au secours les gens met-

1 **pivoter:** sich (um die eigene Achse) drehen.
2 **la claque:** Ohrfeige.
2f. **s'entrechoquer:** aneinander schlagen.
4 **con** (vulg.): doof, dumm, bekloppt.
5 **le sursis:** Aufschub, Bewährungsfrist, Galgenfrist.
expirer: verstreichen, ablaufen, zu Ende gehen.
7 **ricaner:** höhnisch lachen.
8 **frimer** (pop.): angeben; hier: heucheln, sich verstellen.
le fumier (pop.): Miststück, Mistkerl.
chier (pop.): scheißen.
9 **le froc** (pop.): Hose.
10 **les menottes** (f.): Handschellen.
11 **le mousqueton:** Karabinerhaken.
la laisse: (Hunde-)Leine.
12 **s'enrouler:** zusammenrollen, umwickeln.
13 **foutu, e** (pop.): hier: fähig, imstande.
14 **le crépitement:** Knattern, Knallen.
15 **clouter:** mit Nägeln beschlagen.
démultiplier: vermindern, abschwächen.

traient la tête sous l'oreiller. On le fit passer par une fenêtre de la façade en ruine et de l'autre côté ça puait.

Il reçut un coup de pied aux fesses quand il demanda où on l'emmenait. Il dit qu'il voulait partir et cessa d'avancer. Au deuxième coup de pied la douleur lui tira un cri. On le cagoula d'un sac poubelle ramassé par terre, et chaque fois qu'il aspirait le plastique lui rentrait dans la bouche. Il se laissa tomber sur place. Les skins le portèrent sous les bras et sous les pieds. Il ferma les yeux. Le piétinement s'amplifiait comme s'ils étaient des milliers autour de lui. Il eut une sensation de fraîcheur lorsque le sac lui fut arraché du visage et il respira une odeur de goudron. D'abord il se crut dans un champ désert, baigné d'ombre, et juste après il vit les lignes enchevêtrées des rails luisant à l'infini. Un signal violet s'allumait et s'éteignait au loin.

– Magne-toi, négro, dit Éric. Le Bordeaux-Paris passe dans cinq minutes.

– J'ai neuf heures douze, annonça l'un des skins, l'œil sur son poignet.

– Ça laisse trois minutes pour bavarder avec un futur nègre en moins. À poil!

3 **puer:** stinken, widerlich riechen.
4 **les fesses** (f.): Gesäß, Hintern.
7 **cagouler qn de qc:** jdm. etwas über den Kopf stülpen.
11 **le piétinement:** Trampeln, Stampfen; hier: Geräusch der Nagelschuhe.
s'amplifier: sich erweitern, sich verstärken.
14 **le goudron:** Teer.
16 **enchevêtrer:** verzweigen.
18 **se magner** (pop.): sich beeilen.
23 **à poil** (m.): nackt; hier: zieh dich aus!

– J'ai la crève …

– Et tu vas crever. À poil! Le train n'attend pas. Ça te rappelle rien? Ta rédac Charlie. Je voudrais vérifier. Si t'es vraiment un ange, le train s'arrête, si t'es un nègre il s'arrête pas.

Charlie bondit, trébucha, les skins lui tombèrent dessus. Il n'eut plus rien sur le dos, il fut ligoté sur les rails, les poignets, les pieds, le fil de fer lui déchirait la peau. C'est vrai qu'il allait passer, l'express. Il l'entendait chaque soir de son lit.

– Récupérez les menottes, les gars, c'est précieux. Un souvenir de mon frangin noir.

Éric le toisait.

– Ta mère, Charlie, tu jures?

– Juré.

– Ta mère et ton père, Charlie, tu jures?

– Juré.

– Dis les mots. Jure sur la bible et dis les mots.

Son père et sa mère, il le jura. Les larmes aux yeux, il dit les mots. Il prêta serment sur la bible et sur les skins autant de fois qu'Éric l'exigea.

– Ta rédac, Charlie, c'était quoi?

– Un devoir de français.

– C'était de la merde, Charlie, jure-le.

1 **avoir la crève** (pop.): todkrank sein, auf dem letzten Loch pfeifen.
2 **crever** (pop.): sterben, krepieren.
3 **la rédac** (pop.): Kurzform für *la rédaction:* Aufsatz.
6 **bondir:** (auf)springen, in die Höhe fahren, sich aufbäumen.
trébucher: stolpern, straucheln.
7 **ligoter:** fesseln.
11 **récupérer:** zurückholen; hier: abnehmen.
13 **toiser:** (herausfordernd) ansehen, von oben bis unten mustern.
20 **prêter serment** (m.): schwören, einen Eid leisten.

– Je le jure, gémit-il, une conviction désespérée dans la voix. Détache-moi, s'il te plaît. Qu'est-ce que je t'ai fait?

– Tu le sais foutre bien.

Éric s'accroupit les mains sur les genoux.

– Tu m'as rien fait Charlie. Toi c'est pas grave, tu comptes pas. C'est la reproduction, la gravité. Avec un nègre, toi t'en fais dix. C'est eux qu'on va éliminer ce soir. Toi t'es qu'un œuf merdeux, on le supprime.

– Neuf heures quinze, annonça le skin à la montre. Le train ne va plus tarder.

– Qu'est-ce qu'il fout ce pédé! Ça doit être un négro qui conduit.

Il se leva d'un bond.

– Voilà l'express, on gicle! C'est fini pour toi, Charlie. T'aurais pas dû frimer dans ta rédac. T'es qu'un p'tit métèque plein de merde assortie. Et le train va pas se gêner pour te rouler dessus.

À ce moment-là Charlie ressentit sous la nuque une vibration qui s'accompagnait au loin d'un grondement régulier. Il leva la tête et vit au-dessus du reflet conver-

1 **gémir:** stöhnen, wimmern.
la conviction: Überzeugung.
désespéré, e: verzweifelt.
4 **foutre** (pop.): hier: verdammt!
5 **s'accroupir:** sich niederkauern, ducken.
7 **la reproduction:** Fortpflanzung, Zeugung.
la gravité: Gefährlichkeit, Bedenklichkeit.
9 **merdeux, se** (pop.): dreckig, schmutzig, beschissen.
12 **le pédé** (pop.): Homosexueller, Schwuler.
15 **gicler** (pop.): hier: abhauen, verduften.
17 **assorti, e:** passend, entsprechend.
20 **le grondement:** Brummen, Grollen, Donnern.
21 f. **convergent, e:** auf einen Punkt zu(sammen)laufend.

gent des rails deux yeux blancs très ronds qui grossissaient au fur et à mesure que le bruit montait. Les yeux bougeaient à droite, à gauche, une ombre courait avec eux sur les rails et Charlie reconnut la silhouette d'une locomotive lancée vers lui. Il hurla.

3

«Charlie», cria Mado.

Il bondit de son lit et monta l'escalier qui donnait sur le living, un salon-salle-à-manger-cuisine tapissé de cartes postales envoyées par les clients à Mado. Le couvert était mis. Quatre assiettes. Éric venait dîner. Monsieur Bob regardait la télé dans son fauteuil avec un air de musée Grévin. La mère à la cuisine avait le nez dans les casseroles, on ne savait pas bien si c'était elle ou la cocotte qui sifflait.

– Ton père veut te parler.

– Il regarde la télé.

– Il va la couper. N'est-ce pas monsieur Bob? dit-elle sans se retourner. Et il va parler à son fils.

On entendait, venant de la chambre d'Éric, les harmonies entraînantes des chœurs de la Wehrmacht.

– Demande-lui pour hier soir, à Charlie. Énerve-toi un peu s'il te plaît.

– Ah ouais.

2 **au fur et à mesure:** in dem Maße wie, im gleichen Maße.
9 **le living** (angl.): Wohnzimmer.
tapisser: tapezieren, behängen, ausschmücken.
13 **le musée Grevin:** Wachsfigurenkabinett in Paris.
15 **la cocotte:** Kasserolle, gusseiserner Topf.
21 **le chœur:** Chor.

Monsieur Bob coupa le son.

– T'étais où hier soir?

– Chez mademoiselle Irsch.

– Et après?

– Je suis rentré.

– T'appelles ça rentrer! s'écria Mado. Tu t'es regardé?

Il était au point, leur numéro. Monsieur Bob posait les questions, Charlie répondait, Mado commentait bien fort, mais c'était du cinéma, tout le monde le savait. Le skin écoutait derrière la porte au fond du living. Il donnait des coups d'œil par le trou de la serrure et quand il n'était pas d'accord il tapait du talon.

– Tu nous en fais voir dis donc, soupira monsieur Bob.

– Il nous en fait pas voir, il veut notre peau!

– T'entends ce qu'elle dit, Mado?

Monsieur Bob regardait Charlie avec des moitiés d'œil comme les crapauds, il se raclait la gorge et sa voix lui restait en travers du gosier. C'était rien qu'une voix qui gueulait pour du beurre en faisant comprendre à Charlie que plus ils s'écraseraient tous les deux plus vite Mado leur foutrait la paix et plus vite on rallumerait la télé.

8 **être au point** (fam.): funktionieren, gut eingespielt sein.
16 **en faire voir:** übel mitspielen, Sorgen machen.
19 **le crapaud:** Kröte.
se racler la gorge: sich räuspern.
20 **le gosier:** Kehle, Hals, Schlund.
21 **gueuler:** herumschreien, -brüllen.
22 **s'écraser** (fam.): die Schnauze halten, sich zurückhalten.
23 **foutre la paix à qn** (pop.): jdn. in Ruhe lassen.
23f. **rallumer:** wieder anmachen.

– Alors ça vient?

– Ah ouais, reprit monsieur Bob. Dis donc, Charlie, c'est pas du gâteau l'adoption, avec un zèbre pareil.

– Il est qu'à l'essai. Au fait!

Dans la chambre du skin la musique cessa brusquement et l'on n'entendit plus que le sifflet de la cocotte sur le feu. Monsieur Bob regarda Mado. Charlie les avait à zéro. À la pensée que l'œil d'Éric était rivé sur lui par le trou de la serrure, il avait envie de dégueuler son âme entre ses pieds.

– Mens pas, dit monsieur Bob. Qu'est-ce qui s'est passé hier soir? Avec qui tu t'es encore battu?

– Personne, souffla Charlie, et le bras le long du corps il faisait signe avec l'index qu'il ne pouvait pas en dire plus.

– Oh le cochon! fit Mado, oh le cochon menteur!

Monsieur Bob enchaîna comme s'il ne voyait rien, d'ailleurs il ne voulait jamais rien voir.

– Tu te rappelles ce qu'a dit le psychologue le jour de ton départ de l'institution?

– Non.

– Cochon menteur, fit Mado. Qu'est-ce qu'il a dit?

– Il a dit adieu Charlie.

– Et puis?

3 **c'est pas du gâteau** (fam.): das ist kein Zuckerschlecken.
le zèbre (pop.): Kerl.
4 **au fait:** eigentlich, im Grund genommen.
6 **le sifflet:** Pfeife.
7f. **les avoir à zéro** (pop.): Angst haben.
8 **river:** hier: zielgenau richten.
9 **dégueuler** (pop.): (aus)kotzen.
14 **un index:** Zeigefinger.
17 **enchaîner:** fortfahren, das Gespräch wieder aufnehmen.

– Et puis j'ai dit pareil, adieu monsieur Valentin.

À l'école il avait réponse à tout. Au pavillon réponse à rien. À moins que rien si le skin écoutait. À l'école il l'ouvrait. Motus au pavillon. À l'école il allait toujours au tableau réciter les fables, et quand il ne savait pas il savait quand même, et la fable se déroulait comme elle pouvait, et la cigale ayant chanté tout l'été pouvait aussi bien continuer jusqu'à l'été d'après. La poésie lui retournait les sangs d'émotion, les deux Pigeons qui s'aimaient d'amour tendre ou le Rat des villes et le Rat des champs ou dame Fourmi n'est pas prêteuse. Il flippait en récitant le Loup et l'Agneau à cause de sa fable à lui, tous les soirs, au pavillon: le Nègre et le Skinhead.

– Alors comme ça tu te rappelles pas!

– Non.

Le psychologue avait dit que la société française lui donnait une chance inouïe, c'est tout. Et d'autres l'avaient dit avant lui. Depuis sa naissance il avait une chance inouïe.

– Et tu peux le jurer que tu te rappelles pas?

– Juré.

– C'est un menteur, un cochon! Il tuerait père et mère.

4 **motus** (interj.): pst!
6 **se dérouler:** stattfinden, sich abspielen, sich entfalten.
7 **la cigale:** Grille.
9 **retourner les sangs** (m.): zu Herzen gehen, aufwühlen.
le pigeon: Taube.
11 **la fourmi:** Ameise.
être prêteur, se: gern (ver)leihen.
11 f. **flipper** (pop.): rasen, außer sich sein, ausrasten.
12 **un agneau:** Lamm.
18 **inouï, e:** beispiellos, ungewöhnlich, außerordentlich.

D'après les monos sa parole ne valait rien. Sur sa fiche de conduite, à la mention franchise, on pouvait lire: tendance à broder. Rien à voir avec la dentelle. Un brodeur c'est un menteur.

– Le psychologue a dit, commença monsieur Bob en faisant une boucle avec le pouce et le majeur, il a dit qu'on te prenait à l'essai.

– J'me rappelle pas.

– Menteur.

– C'est pas ma faute si j'me rappelle pas.

– Ah oui, dit Mado. Et pour hier soir non plus tu t'rappelles pas!

On entendit un raclement derrière la porte et il n'y eut plus un bruit dans la pièce. Le regard de Charlie croisa celui de Mado.

– Ça ne peut plus durer, brodeur! J'appelle monsieur Valentin demain.

C'était méchant et suppliant, dans ses yeux, ça faisait peur et pitié, comme sa voix. Charlie baissa la tête et se gratta sous le nez.

– Ça me revient, pour hier soir. Et aussi pour le psychologue. C'est pas ma faute si j'ai tendance à broder.

– C'est jamais ta faute. Oh mais tu broderas pas longtemps! Maintenant va chercher ton frère dans sa

1 **le mono** (pop.): Kurzform für *le moniteur:* Ausbilder, Betreuer.
2 **la mention:** Hinweis, Vermerk.
la franchise: Offenheit, Ehrlichkeit.
3 **broder:** sticken; (pop.): lügen, schwindeln.
la dentelle: Spitze (Gewebe).
6 **la boucle:** Ring.
le majeur: Mittelfinger.
13 **le raclement:** Kratzen, Schaben, Fußscharren.
20 **gratter:** kratzen.

chambre. Je veux qu'il t'entende, lui aussi. Tu vas tout nous raconter. Ça t'apprendra, cochon!

Les genoux tremblants Charlie traversa la pièce et il entrebâilla la porte.

– Éric, fit-il dans le noir, faut venir manger.

N'obtenant pas de réponse il alla jusqu'à la chambre au bout du corridor. Il vit le skin allongé sur son lit, les mains jointes et les yeux fermés sous un drapeau noir à tête de mort et croix gammée, dans une pénombre funéraire de pharaon nazi. La musique jouait en sourdine les airs du bon vieux temps, le bon vieux temps des ogres du troisième Reich dont les photos et décorations couvraient les murs.

– Faut venir manger.

Le skin glissa une main sous l'oreiller et quand elle reparut elle imitait la forme d'un pistolet. Il pointait un minuscule index sur Charlie sans ouvrir les yeux.

– Faut venir manger.

– Au premier pet je te cloue …

Charlie savait qu'Éric l'épiait entre ses paupières, il n'osait pas tourner les talons.

4 **entrebâiller:** halb, ein wenig öffnen.
7 **allonger:** ausstrecken.
9 **la croix gammée:** Hakenkreuz.
la pénombre: Halbdunkel.
9f. **funéraire:** Leichen-, Begräbnis-, Toten-.
10f. **en sourdine:** gedämpft, ganz leise.
12 **un ogre:** Menschenfresser, Menschenschlächter.
16 **pointer:** richten, zielen.
19 **le pet:** Furz.
clouer qn: jdm. das Maul stopfen, jdn. mundtot machen.
20 **épier:** genau beobachten, belauern.
la paupière: Augenlid.

– Boum! dit Éric et sa main tressauta comme une arme à feu.

Le dîner commença. Éric faisant semblant de regarder la télévision entre monsieur Bob et Charlie qui s'ingéniait à la boucler dans son coin. La mère jactait par-dessus la télé. «Camembert!» aboyait le skin et ça ne voulait pas dire qu'il voulait du fromage, c'était sa façon de dire à Mado tais-toi-connasse. Dès qu'il y avait un creux elle oubliait la consigne et la boîte se rouvrait, et la petite voix se faufilait partout.

Charlie tend la main vers le plat et sa mère lui donne une tape.

– Non mais dis … Tu mangeras quand t'auras avoué.

– J'ai faim.

– T'as qu'à bouffer ta morve, dit Éric sans bouger.

Il a les bras croisés, les manches roulées sur ses tatouages. Monsieur Bob sourit. Il ne mange pas, la télé lui suffit. Mado lui corne dans l'oreille.

– Il est pas bon mon gratin de chou-fleur?

– Le soir, j'ai pas d'appétit.

1 **tressauter:** zusammenzucken, sich ruckartig bewegen.
5 **s'ingénier:** sich bemühen.
la boucler (pop.): den Mund halten.
jacter (pop.): quasseln.
8 **la connasse** (vulg.): Fotze; Schlampe.
9 **le creux:** stille Zeit, Flaute; Pause.
la consigne: Anweisung, Befehl.
la boîte (pop.): Mund.
10 **se faufiler:** sich einschleichen, sich hindurchwinden.
12 **la tape:** Klaps, Stoß.
15 **bouffer:** fressen.
la morve: Rotz.
16f. **le tatouage:** Tätowierung.
18 **corner dans l'oreille** (f.): in den Ohren liegen.

– T'en as jamais.

Mado répète à Charlie pour la centième fois qu'elle veut bien échanger un grillados contre la vérité. S'il attend il mangera froid.

– Pourquoi t'es rentré si tard?

– Mouilleur! fait Éric.

Charlie se sent les mains moites, il déteste sa peur, il déteste sa voix qui ne fait peur à personne.

– Des gens m'ont attaché sur les rails, dit-il en fixant des yeux son assiette vide.

– Rien que ça, fait Mado. Ah t'es pas béni! T'es menteur mais t'es pas béni.

Il redit entre haut et bas d'une voix butée:

– Des gens m'ont attaché sur les rails avec du fil de fer. Et l'express Bordeaux-Paris est passé.

Le skin attrape la télécommande et coupe le son.

– Qu'est-ce que tu fous là si l'express t'es passé dessus? Pourquoi t'es pas dans un petit sac à l'institut médico-légal?

– Il est passé à côté. C'était pas les bons rails où j'étais attaché. Ils m'avaient mis tout nu.

– Qui ça? dit Mado d'une voix aiguë.

Le silence fait mal aux oreilles. Monsieur Bob éloigne sa main de celle de Charlie.

– Alors, Charlie? dit Mado, mais celui-ci n'arrive plus à dire un mot tellement son cœur bat.

6 **le mouilleur** (pop.): Bettnässer.
7 **moite:** feucht, klamm.
11 **béni, e:** hier: vom Glück begünstigt.
13 **buté, e:** bockig, eigensinnig.
17 **foutre** (pop.): (Unsinn) machen.
18f. **un institut médico-légal:** Leichenschauhaus.
22 **aigü, e:** scharf, spitz; hier: durchdringend, gellend.

Éric se penche vers lui par-dessus la table entre ses avant-bras étalés, maigres et tatoués des slogans du groupe sécuritaire Zyklon.

– Eh, dit-il en montrant ses deux doigts en fourche, regarde-moi. Qui t'a fait ça? Regarde-moi.

Charlie se garde bien d'obéir. Si les yeux d'Éric entrent dans les siens il est fichu.

– Des gens.

– Quels gens? Regarde-moi.

– Je me rappelle pas. C'était la nuit, fait-il dans un murmure inaudible.

– Des skins?

– J'en sais rien.

Éric se met à crier de sa voix métallique étouffée, prenant à témoins ses parents atterrés.

– Vous l'entendez? Il est en train de m'accuser. Le nègre est en train d'accuser un blanc. Vous avez vu comment qu'il m'a regardé? Tu les as vu tes yeux? Tu vas les bouffer, fils de pute. Jure-le que tu vas les bouffer.

Charlie se ratatinait sur le tabouret.

– Tu jures, enculé!

– Juré.

Mado jette à son fils des coups d'œil furtifs. Elle a

2 **le slogan** (angl.): Schlagwort, Parole.
3 **le groupe sécuritaire:** Sicherheitsabteilung; hier: Rollkommando.
7 **fichu, e** (pop.): hier: verloren, erledigt.
11 **inaudible:** unhörbar.
15 **atterrer:** niederschmettern.
19 **le fils de pute** (f., pop.): Hurensohn.
21 **se ratatiner:** zusammenschrumpfen, immer kleiner werden.
le tabouret: Hocker, Schemel.
22 **un enculé** (vulg.): Schwuler, Homo.
24 **furtif, ve:** verstohlen, heimlich.

des ébahissements soudains qui lui font hausser les sourcils en pinçant les narines. Elle prend la parole et dit qu'elle n'arrive pas à un an de la retraite pour se laisser gâcher la vie par un gosse de treize ans, un morveux qu'elle a pris chez elle uniquement pour avoir quelqu'un à qui donner à manger quand Éric irait à l'armée. Elle, quand on mange pas, c'est le moral qui prend. Un de ces quatre elle enjambera le pont. Monsieur Bob n'aura plus qu'à coucher avec la télé. Ce qui s'est passé hier soir, elle le voit d'ici. Charlie ne va chez mademoiselle Irsch que pour claquer son fric au Malibu-vidéos. Ensuite il ne sait plus quoi inventer. Monsieur rentre les poches vides, il s'est roulé dans la mouise et les trains l'ont écrasé.

– J'me trompe, Charlie?

Alors qu'il s'apprête à signaler d'un soupir qu'il s'interdit toute protestation dans un pareil climat, Charlie reçoit sous la table un coup de pied, une fois, deux fois. Il regarde Mado. Elle est laide, sensuelle, usée. C'est

1 **un ébahissement:** Verblüffung, Erstaunen, Verwunderung.
2 **le sourcil:** Augenbraue.
pincer: kneifen, zwicken; hier: zusammenziehen.
la narine: Nasenloch; hier: Nasenflügel.
4 **gâcher:** verderben, verpfuschen.
le, la gosse (pop.): Junge, Bengel, Gör.
4f. **le morveux:** Rotzjunge.
7 **le moral:** Stimmung, Haltung, Geistesverfassung.
8 **un de ces quatre** (*matins*) (fam.): nächstens.
enjamber: überschreiten, überspringen.
11 **claquer son fric** (pop.): seine Moneten durchbringen, auf den Kopf hauen.
14 **la mouise:** Elend, Not.
16 **s'apprêter:** sich vorbereiten, sich anschicken.
19 **sensuel, le:** sinnlich, wollüstig.

pas souvent qu'elle est gaie. Elle rit quand on ne s'y attend pas, quand c'est pas drôle, un rire d'avant la jeunesse. Il arrive des régions voluptueuses qu'on n'oserait pas soupçonner chez une personne de son âge. Oui mais faut pas s'y fier, des fois y a des surprises. Du dehors tu vois rien, c'est usiné tout petit, les femmes. À l'intérieur ça s'élargit, c'est l'arche à Noé.

– Alors Charlie?

Il a pitié d'elle et du cheval sournois qui le regarde à travers les prunelles de Mado. Que peut-il bien voir, le pauvre?

– Je me trompe?

De la tête il fait non.

– Tu reconnais, Charlie?

De la tête il fait oui.

– Cochon, dit Mado, et sa bouche a la tremblote. Cochon menteur. Allez, mange tes grillados, ils sont froids.

Elle pousse la poêle dans sa direction.

– Non, dit le skin, manquerait plus qu'il mange. Pourquoi il mangerait? Il a pas payé.

Mado hoche la tête avec approbation.

– Manquerait plus, en effet. Puisque c'est comme ça, va te coucher, menteur!

3 **voluptueux, se:** wollüstig.
4 **soupçonner:** hier: vermuten, ahnen.
6 **usiner:** (be)arbeiten, formen.
7 **s'élargir:** sich erweitern, sich vergrößern, sich ausdehnen.
l'arche (f.) **à Noé:** Arche Noah.
9 **sournois, e:** hinterhältig, heimtückisch.
10 **la prunelle:** Pupille.
16 **la tremblote:** Zittern, Angst.
22 **une approbation:** Zustimmung, Einwilligung.

– Non, dit le skin. Je veux qu'il reste et qu'il nous regarde manger. C'est trop facile sinon.

– Ça t'apprendra, renchérit Mado.

Devant Éric elle menait la vie dure à Charlie comme si les murs avaient bel et bien des oreilles de skin et l'espionnaient pour le compte de son fils. Elle faisait trêve la nuit quand Éric sortait avec sa bande et trêve le mercredi, jour de marché, jour où Charlie l'accompagnait dans Néry, fier de porter les sacs de provisions et de dire bonjour aux voisins trop polis pour être honnêtes, aux policiers municipaux quand il s'en présentait, d'anciennes feignasses de l'école publique, disait Mado.

– Lis-nous la rédaction du négro, dit Éric à Mado. Qu'on se marre un peu.

– Si tu crois que je l'ai gardée!

– Menteuse, elle était planquée dans ton sac. Je l'ai foutue aux chiottes.

Au dessert il y avait des chouquettes maison, spécialité de Mado. Charlie les faisait maintenant aussi bien qu'elle. Le mercredi, il mettait un tablier et Mado lui donnait des cours de pâtisserie. Elle le servit machinalement après son fils et monsieur Bob.

– Non, dit le skin.

3 **renchérir:** überbieten, übertreffen.
5 **bel et bien** (adv.): bestimmt, unzweifelhaft.
6 **espionner:** spionieren, bespitzeln.
7 **la trêve:** Burgfrieden, Versöhnung.
12 **la feignasse** (pop.): Faulenzerin.
15 **se marrer** (pop.): sich totlachen, sich schief lachen.
17 **planquer:** verstecken, verbergen.
18 **les chiottes** (f., pop.): Scheißhaus, Lokus.
19 **la chouquette:** hier: als Nachtisch serviertes Gebäck.

L'assiette de Charlie fut reversée dans le plat.

– Et qu'est-ce qu'elle foutait dans ton sac, la rédaction du négro?

– Elle foutait que j'en avais besoin pour le dossier.

– Dossier mon cul! dit Éric.

Il brandit la télécommande et remit le son.

4

Charlie n'avait pas douze ans depuis deux jours quand les Bougran l'avaient choisi non sans bien des hésitations concernant les allocs et les tares à l'âge ingrat, mais il était disponible de suite et monsieur Bob disait qu'on ne pouvait plus reculer. Il s'attendait à une vraie maman? Il avait Mado. Une maison? Il avait un pavillon garni d'un living-room et d'une télé couleur où l'on zappait sur des programmes d'enfer quand monsieur Bob s'endormait. Une chambre? Il avait au sous-sol un local tapissé de frisette. Un chien? Il y avait un chat noir sur les tuiles, en faïence. Un piano? Il avait un tabouret de plastique orange, deux morceaux qui

1 **reverser:** zurücklegen, zurückschütten.
4 **le dossier:** Akten(bündel).
6 **brandir:** schwingen, schwenken.
10 **une alloc** (pop.): Kurzform für *une allocation:* Unterstützung, Beihilfe, Zuschuss.
la tare: Bürde, Last, Belastung.
l'âge ingrat: Flegeljahre.
11 **de suite:** hier: gleich, sofort.
15 **zapper:** zappen, dauernd umschalten.
16f. **le sous-sol:** Kellergeschoss, Souterrain.
17 **la frisette:** Löckchen; hier: Tapetenmuster.
18 **la faïence:** Steingut, Fayence.

s'emboîtaient. Il s'asseyait par terre et tam-tamait du rap comme un fou. Une bagnole? Il y avait la 4 L. Un chauffeur? Y avait Mado, c'était cool. Faut dire qu'un chauffeur de maître au volant d'une caisse aussi pourrie, ça n'aurait pas fait sérieux, même un noir. Un père? Il avait monsieur Bob, le pompier réformé, le plus gentil des couillons et vice versa, disait Mado. Il n'ôtait jamais sa casquette de pêcheur du dimanche et pareil à table où c'est mal élevé. Il disait à Charlie fiston. Il posait la main sur la sienne et Mado rouspétait. Il enlevait sa main comme un grand brûlé. À longueur d'année monsieur Bob cachait bien son jeu devant la télé, le seul endroit où il ne se rendait plus très bien compte s'il était vivant, ça devait l'arranger. Le matin, le soir, télé. Mado le rappelait à l'ordre. Il ne pouvait pas faire un pas sans avoir tort, sans être une couleuvre, un panier percé. Tellement ils se crêpaient, des fois, on aurait dit un suicide à qui tomberait le premier.

– Et moi qui me tue la santé pour un feignant pareil. Tous mes sous mangés par un feignant.

1 **s'emboîter:** genau einpassen, ineinanderfügen.
tam-tamer (pop.): trommeln.
2 **la bagnole** (pop.): schlechtes Auto, Karre, Mühle.
3 **cool** (angl.): klasse, super.
4 **la caisse** (pop.): Karre, Schlitten.
6 **réformer:** (wegen Dienstuntauglichkeit) entlassen, ausmustern.
7 **le couillon** (pop.): Idiot, Blödmann.
vice versa: umgekehrt.
9f. **le fiston** (fam.): Söhnchen.
10 **rouspéter** (pop.): meckern, schimpfen.
16f. **être une couleuvre** (pop.): Ärger haben, Beleidigungen einstecken.
17 **le panier percé** (pop.): Erzverschwender.
se crêper (fam.): sich raufen.
20 **le feignant:** Faulenzer.

Elle reportait beaucoup sur les sous, et les vingt francs gagnés par Charlie lui mettaient du baume au cœur. Mado voulait bien planquer son blé, mais donnant donnant, il devait payer l'autorisation d'aller galérer chez mademoiselle Irsch, il devait couper la poire en deux tous les lundis en revenant. Dix francs pour moi, dix francs pour toi, maman. Avec les dix francs ça variait. Des fois elle essayait les couilles en or du Loto, le morpion, le gold, des fois elle s'oubliait au comptoir du bistrot Père Igor, à son retour elle chialait tout ce qu'elle avait sur le cœur en épluchant la bouffe du dîner. Elle avait la manie d'éplucher, quand c'était les grandes eaux dans ses lunettes. Elle chialait dans l'évier sur les patates, ensuite on les mangeait, trop salés pensait Charlie. Les autres la fusillaient du regard sauf Charlie révolté par le chagrin de n'importe qui. Le skin en aurait eu, du chagrin, il en aurait pris un morceau.

Ses dix francs à lui Charlie les mettait sur son livret

1 **reporter beaucoup sur qc:** viel auf etwas setzen.
2 **le baume:** Balsam.
3 **planquer son blé** (pop.): hier: seinen Beitrag leisten.
3f. **donnant donnant:** auf Gegenseitigkeit.
4 **une autorisation:** Genehmigung, Bewilligung.
8 **les couilles** (f., pop.) **en or:** Goldhoden (Wettspiel, Lottospiel).
9 **le morpion** (pop.): Filzlaus; Lausbub (Wettspiel, Lottospiel).
le gold: Gold (Wettspiel, Lottospiel).
10 **chialer** (pop.): flennen, heulen.
11 **éplucher:** schälen, putzen.
la bouffe (pop.): Fressen.
13 **un évier:** Ausguss, Spülbecken.
14 **la patate** (pop.): Kartoffel.
saler: salzen.
15 **fusiller du regard:** mit einem Blick töten, vernichten.
18f. **le livret d'Écureuil junior:** Sparbuch für Jugendliche (*un écureuil:* Eichhörnchen).

d'Écureuil junior et comme il était mineur Mado signait les papiers. Elle disait qu'elle serait riche avant lui. Côté richesse il n'en doutait pas. Il la prenait déjà pour un sac à poivre à l'institution. Il pensait qu'en France on ne peut pas adopter un noir ou un blême si l'on n'a pas des millions sur son livret d'Écureuil du troisième âge. C'est ce qu'ils disaient, les monos. Les gens qui vous adoptent, attention les yeux. Ils ont des maisons, des chauffeurs, des rubis sur les ongles, des tout petits chiens parfumés, des serveuses à nibards gratuits, des pianos blancs, la télé couleur dans les ouatères, ils ont des jeux électroniques américains mieux qu'au Malibu-vidéos, mais ils n'ont pas d'enfants malgré les attouchements et pénétrations, d'où l'intérêt des orphelinats et du malheur des uns. Le tout c'est d'être adopté par les sacs à poivre et c'est pas demain la veille au début. Un orphelin sur trois cent mille et les plus durs à caser c'est les noirs. À cause de l'épidémie sexuelle et du racisme ambiant.

C'est pour ça qu'il ne dit pas tout sur les attaques du lundi soir. Mado le regarderait comme un être mal-

1 **mineur, e:** minderjährig.
4 **le sac à poivre** (m.): hier: Geldsack, Krösus.
5 **blême:** sehr bleich, fahl.
9 **le rubis:** Rubin.
10 **la serveuse:** weibliche Bedienung.
11 f. **les ouatères** (f.): WC, Toilette.
14 **un attouchement:** Berührung.
la pénétration: Eindringen; hier: Koitus.
15 **un orphelinat:** Waisenhaus.
18 **caser:** unterbringen.
18 f. **l'épidémie sexuelle:** Aids.
19 **ambiant, e:** umgebend; hier: gegenwärtig.
21 f. **malfaisant, e:** boshaft, bösartig.

faisant qu'il faut renvoyer d'urgence à l'institution. Il l'entendrait téléphoner à monsieur Valentin. Allô monsieur Valentin ça ne va plus avec Charlie, il s'adapte pas à la famille, on fait des efforts vous savez, mais ça colle pas. Il avait souvent l'impression qu'elle appelait pour de faux. Il avait envie de lui arracher le téléphone des mains et de crier jusqu'au bout du fil: «C'est bien vous monsieur le directeur? Vous pouvez le jurer? ...» Mais il restait l'oreille tendue près du fauteuil où monsieur Bob regardait la télé et quand elle raccrochait Mado savait qu'il n'avait rien perdu: c'est vrai Charlie, tu étais mieux là-bas. Tu t'agites, en famille, tu ne t'habitues pas. C'est mauvais pour ta croissance.

Tu parles, il est plus grand qu'Éric. Le skin se fout des talonnettes et du gel coiffant pour être à la hauteur.

Que ça leur plaise ou pas, il ne retournera jamais à l'institution, c'est un serment prêté sur les nibards de Rita. Au bahut quand il a peur il n'y a personne et quand il en a marre on lui montre les photos des gosses de Médecins du monde, ils ont froid, un gros bide, rien à manger, ils se font dévorer par les bêtes. T'as froid Charlie? T'as faim? Les bêtes t'ont mangé? Les voix des monos, Charlie ne veut plus les entendre résonner entre les parois du corridor qui traverse l'ins-

3f. **s'adapter:** sich anpassen, sich einfügen.
6 **pour de faux:** zum Schein.
13 **la croissance:** Wachstum, Entwicklung.
15 **la talonnette:** Ferseneinlage.
le gel coiffant: Frisiergel.
18 **le bahut** (pop.): Schule, Penne.
19 **en avoir marre** (pop.): die Nase voll haben.
24 **résonner:** ertönen, erschallen.
la paroi: Wand.

titution comme un boyau déroulé. Il aime encore mieux les skins, et pourtant! …

Il avait tout prévu, pendant les dix ans d'institution, tout sauf le skinhead, normalement les sacs à poivre ils ont pas d'enfant. Un vrai fils de dix-huit ans, pas un moins que rien d'institution, pas un noir de Somalie: un blanc, un blême, un Français. Plus rose que blanc, d'ailleurs, surtout l'hiver, avec un prénom trafiqué. Erik au lieu d'Éric, le seul mot qu'il écrivait sans l'écorcher vif, le skin. Éric ça fait pavillonnaire et tristounet, ça fait fils de monsieur Bob et Mado, ça fait magasinier du Franprix, ça lui ressemble un max. Erik ça fait Malibu-vidéos, justicier du groupe sécuritaire Zyklon, ça fait presque inventeur autrichien du glock 17, le flingue anti-métèques des policiers municipaux qu'il essayait d'avoir par son réseau secret. Éric, ça fait canne à pêche, Erik ça fait glock.

Et surtout ça fait pas frère de Charlie, le nègre adoptif de l'institution.

Le premier jour qu'ils s'étaient vus, le skin boitait

1 **le boyau:** Darm.
dérouler: aufrollen, aufwickeln.
8 **trafiquer:** fälschen, frisieren.
10 **écorcher:** verletzen; verunstalten; hier Wortspiel: *écorcher vif:* das Fell, die Haut *(skin)* bei lebendigem Leib abziehen.
12 **le pavillonnaire:** Einfamilienhausbewohner.
10f. **tristounet, te:** traurig.
12 **le max** (pop.): Kurzform für *le maximum:* Höchstmaß.
13 **le justicier:** Kämpfer für die Gerechtigkeit.
14f. **le glock 17** (pop.): Handfeuerwaffe.
15 **le flingue** (pop.): Flinte, Knarre.
16 **le réseau:** Netz(werk).
17 **la canne à pêche** (f.): Angelrute.

sur une béquille et son bras bandé tenait avec une écharpe noire autour du cou. C'était pas sa faute, il était tombé du vélomoteur en voulant décaniller un indésirable de la cité des Mésanges. Il était maigre à faire peur, le skin, les doigts serrés comme ceux des marionnettes, une gueule de méchant guignol aux cheveux dressés luisants, les yeux passés à l'huile de vidange à part le milieu tout bleu. Il s'était sapé commando pour accueillir Charlie, le blouson vert, les insignes de chevalerie skin, les écrase-noix d'attaque à lacets de cuir. Par-derrière son bénard kaki flottait sur des fesses de vieille fille et il avait ses clés sur une chaînette. Il disparaissait dans son attirail, comme un couteau dans un étui géant. De couteau par ailleurs il en avait un nazi qui n'était plus réglementaire du fait des contrôles inopinés dans le métro, et dans sa chambre il

1 **la béquille:** Krücke.
bander: hier: bandagieren.
2 **une écharpe:** Binde, Schlinge.
3 **décaniller:** hier: aufspüren, aufstöbern.
3f. **un indésirable:** Unerwünschter.
4 **la cité des Mésanges** (f.): Meisensiedlung.
6 **le guignol:** Spaßvogel.
7f. **la vidange:** Ölwechsel.
8 **se saper** (pop.): sich anziehen.
9f. **un insigne:** Rangabzeichen.
10 **la chevalerie:** Ritterschaft; hier: verschworene Gemeinschaft.
une écrase-noix (pop.): genagelter Stiefel.
11 **le lacet:** Schnürsenkel.
le bénard (pop.): Hose.
flotter: flattern, wehen.
12f. **la chaînette:** Kettchen.
13 **un attirail:** Ausrüstung, Aufmachung.
14 **géant, e:** riesig
15 **réglementaire:** vorschriftsmäßig.
16 **inopiné, e:** unerwartet, unvermutet.

avait une baïonnette homologuée pour ses blessures étoilées qui ne cicatrisaient pas si tu rajoutais du sucre dans la plaie. La baïonnette il ne la sortait jamais du pavillon, mais le couteau l'accompagnait tous les samedis dans les boîtes et dans les bals où ça craint vilain côté métèques.

Lui aussi les vingt francs du lundi soir gagnés par Charlie, il estimait qu'il y avait droit. C'était la loi skin et la loi des honnêtes gens qui payaient leurs impôts locaux, qui payaient les crânes rasés pour désinfecter les parages autour des commerces et des écoles, entendu que tout le monde à Néry doit contribuer à l'effort d'hygiène ou changer d'air. Les boules à zéro ramassaient les taxes de pollution métèque et Charlie devait payer comme un autre ou subir le châtiment prévu par la loi. C'est toi qui donnes l'exemple et les petites frappes de Néry suivront dans un premier temps, dans un deuxième elles changeront d'air, on n'entendra plus parler d'elles, alors tu payes? … Charlie planquait son fric dans un talon de chaussure, puis au sous-sol dans la chaudière à boulets débranchée. Le mercredi, Caisse

1 **homologuer:** gerichtlich bestätigen.
étoilé, e: sternförmig.
2 **cicatriser:** vernarben.
3 **la plaie:** Wunde.
5 **la boîte:** hier: Nachtlokal.
craindre vilain: Schlimmes, Übles befürchten lassen.
11 **les parages** (m.): Gegend.
14 **la pollution:** Umweltverschmutzung.
17 **la frappe** (pop.): Stromer, Strolch.
19 **planquer:** hier: verstecken.
21 **la chaudière:** Heizkessel.
le boulet: Brikett, Eierkohle.
débrancher: abschalten, stilllegen.

d'épargne avec Mado. Et que dalle pour les crânes rasés.

C'est pas seulement du bol s'il est sorti vivant des rails de l'express. Pas fou, le skin. On tue pas les gens comme ça. Pour vingt francs. On leur fait peur jusqu'à ce qu'ils raquent.

5

Il était une fois dans mon village natal une mère de famille qui pêchait la crevette pour entretenir ses nombreux enfants. Elle en avait dix-huit au bas mot compte tenu des nouveaux arrivants qui n'avaient rien à voir avec sa vie privée. Elle n'avait pas non plus de mari car son mari avait trop de femmes en train pour s'occuper d'une seule avec le fruit de ses entrailles. Tous les jours elle tirait sur le bois mort dans sa barque et pour pas se perdre elle avait peint deux grands yeux sur l'avant. Elle pêchait un maximum de crevettes dans l'océan Indien en faisant gaffe à ces petits poissons brillants qui peuvent donner des chiasses suicidaires aux enfants en bas âge habitués seulement à boire du lait de femme et toujours le même à chaque repas. Aussi quand le père

1 **dalle** (pop.): nichts.
3 **le bol** (pop.): Glück.
6 **raquer** (pop.): bezahlen, blechen.
8 **natal, e:** Geburts-, Heimat-.
9 **la crevette:** Garnele.
10 **au bas mot:** mindestens.
14 **le fruit de ses entrailles:** Leibesfrucht (*les entrailles*, f.: Eingeweide).
18 **faire gaffe** (pop.): aufpassen, Acht geben.
19 **la chiasse** (pop.) **suicidaire:** lebensbedrohender Durchfall, Dünnschiss.

aumônier du dispensaire lui fit comprendre qu'elle était enceinte et que les nausées ne venaient pas des petits poissons brillants, il décida qu'elle devait avorter chez son confrère aumônier de l'autre dispensaire où ils jouissaient d'un équipement dernier cri pour traiter ce genre de personne. Il va faire un ange, il lui dit. Les anges ne mangent pas de crevettes et tu ne seras pas fatiguée. Je ne veux pas d'un ange, dit ma mère, je veux mon petit. Je pêcherai autant de crevettes qu'il faut pour le nourrir. Le père aumônier la mit de force à l'intérieur du train qui faisait la liaison avec le dispensaire à cent kilomètres de brousse au-delà du fleuve Galana et pour lui montrer sa bonne foi il fit le voyage à côté d'elle. Et comme elle avait très mal il n'arrêta pas de lui parler des anges qui sont le meilleur dérivatif pour les mères de famille qui ont déjà beaucoup mis bas. Ma mère était plus forte que le père aumônier. Le train n'arriva jamais au dispensaire. Il dut s'immobiliser en pleine brousse au début de la nuit parmi les moustiques aussi mangeurs que des piranhas. Les mécanos vinrent se confesser à

1 **un aumônier:** (Anstalts-)Geistlicher.
le dispensaire: kleines Krankenhaus, Poliklinik.
2 **enceinte:** schwanger.
la nausée: Ekel, Brechreiz, Übelkeit.
3 **avorter:** abtreiben.
4 **le confrère:** Kollege, Amtsbruder.
5 **un équipement:** Ausrüstung, Einrichtung.
12 **la brousse:** afrikanischer Busch.
15 **le dérivatif:** Ablenkungsmittel.
16 **mettre bas:** werfen; gebären.
18 **s'immobiliser:** anhalten.
19 **le moustique:** Stechmücke, Moskito.
20 **le mécano** (fam.): Kurzform für *le mécanicien:* Mechaniker.
se confesser: beichten.

l'aumônier c'est ma faute, mon père, c'est ma faute, il y a un ange énorme allongé sur la voie, mon père, et ça sera la collision si on remet la vapeur. Mon père aumônier alla voir l'ange et même il marcha dessus pour se prouver qu'il ne rêvait pas, et comme c'était la première fois qu'il en voyait un d'homme à homme il eut aussi peur que les mécanos. Il alla dire sorcière à ma mère et prit un fusil dans le but de chasser l'ange manu militari, mais quand il eut brûlé ses cartouches à la barbe des mécanos l'ange était toujours sur les rails à tire-d'aile et pourtant sans bouger d'un poil comme s'il était retenu par du fil de fer. Alors ma mère enceinte grimpa sur la loco avec la bonne intuition d'aller délivrer un papillon de nuit gros comme une chauve-souris qui s'était coincé dans le grillage de la lanterne et son ombre chinoise inondait la nature à des lieues à la ronde, un ange aurait pas mieux inondé les rails. Mon père aumônier a bien dû s'incliner devant les voies naturelles et le train a fait machine arrière. Et c'est comme ça qu'on m'a laissé m'épanouir jusqu'à la surface après bien des mois. Et je n'oublie jamais que mon nom d'Afrique c'est Porpoleta qui veut dire papillon. Il y a sûrement des tas de

7 **la sorcière:** Zauberin, Hexe.
8 **manu militari** (lat.): mit bewaffneter Hand, mit Gewalt.
9 **la cartouche:** Patrone.
10 **à tire-d'aile** (f.): pfeilschnell, flink.
13 **délivrer:** befreien.
14 **la chauve-souris:** Fledermaus.
se coincer: sich einklemmen.
15 **le grillage:** Drahtgitter, Gitterwerk, Verkleidung.
les ombres chinoises (f.): Schattenspiel.
16 **inonder:** überfluten, überziehen, überdecken.
la lieue: Meile.
20 **s'épanouir:** sich entfalten, entstehen.

choses que j'ai oubliées dans le feu de la rédaction parce que j'avais seulement trois ou quatre ans quand l'infirmière du centre d'hébergement m'a raconté cette histoire avec un accent régional dans la voix. Mais un jour je mangerai des crevettes et tout ça me reviendra.

Éric arracha des mains de Charlie la rédaction qu'il venait de lui faire lire à voix haute et remit d'aplomb le lampadaire à raphia de plastique rouge. Les pieds chaussés d'écrase-noix, il monta sur le matelas, jambes arc-boutées, et fit à Charlie toujours couché son topo sur l'histoire de France qui n'est pas tombée de la dernière pluie, le nègre! et c'est pas fini. Un peu plus intéressante que tes conneries sur les anges et les papillons. On n'a pas foutu la branlée aux Arabes à Poitiers pour qu'ils reviennent aujourd'hui, O.K.?

– O.K.

– Et si les juifs ont pas compris, tant pis pour eux, O.K.?

– O.K.

– On n'a pas foutu la pâtée aux noirs pour qu'ils reviennent, O.K.?

– On leur a foutu la pâtée où ça?

3 **un hébergement:** Unterbringung.
7 **remettre d'aplomb** (m.): wieder ins Gleichgewicht setzen.
8 **le lampadaire:** Stehlampe.
le raphia: Bast.
10 **arc-bouter:** abstützen, aufstellen.
le topo (pop.): Aufsatz, Bericht.
11 f. **ne pas tomber de la dernière pluie:** nicht von ungefähr kommen.
13 **la connerie** (pop.): Blödsinn, Quatsch, Stuss.
14 **foutre la branlée à qn** (pop.): jdn. vernichtend schlagen.
20 **foutre la pâtée à qn** (pop.): jdn. gewaltsam vertreiben.

– Partout. Ils détalaient comme des lapins. Maintenant faut recommencer.

Il se dandinait comme une bête en cage en fulminant, ses cheveux dressés au carré. Pour un type qui n'aimait pas les peaux noires il s'habillait à l'envers de ses convictions, pantalon noir, teeshirt noir, bretelles noires. Il agitait la rédaction comme un linge sale.

– Elle est démago, cette connasse de prof. T'as vu ce qu'elle a mis? *Bravo Charlie tu m'as épatée.* C'est un pays de merde, ici, y en a que pour les métèques. T'as vu les conneries que t'écris?

– Rends-la-moi.

– Et celles-là! dit Éric en se soulevant les parties. Et il rempocha les feuillets.

– Pourquoi t'as dit que tu l'avais jetée?

– Et toi, pourquoi tu mets un pyjama? Ça dort pas à poil, les nègres?

– J'ai froid.

Éric saisit la couverture et la fit voler loin du lit.

– Enlève-le. C'est mon pyjama.

– C'est ta mère qui me l'a donné.

– Enlève-le. Où tu vas toi! …

C'était pas possible un noir dans un pyjama qu'il avait porté lui-même quand il était petit.

– Sors-moi de ce lit.

Charlie se leva.

1 **détaler** (fam.): türmen, davonlaufen, abhauen.
3 **se dandiner:** sich lässig bewegen, mit den Hüften wackeln.
3 f. **fulminer:** wettern, toben, wütend sein.
8 **démago** (pop.): Kurzform für *démagogue:* hier: verrückt, bekloppt.
13 **les parties** (f.): Geschlechtsteile.
14 **rempocher:** wieder einstecken.
le feuillet: Blatt (in einem Buch oder Heft).

– Baisse ton futal.

– Pour quoi faire?

– Baisse-le, j'te dis. Ça dort à poil, les nègres. Ça dort pas dans le pyjama des blancs.

Charlie descendit son pantalon. Éric attrapa le lampadaire et promena la lumière sur le corps de Charlie.

– T'as froid?

– Non, dit Charlie dont les dents s'entrechoquaient.

– Bande voir un coup, ça réchauffe.

– J'ai pas envie.

– T'es nul ou quoi? Ça bande pas, un nègre, à treize ans?

– J'en sais rien. J'ai que douze ans et demi.

Éric tira son couteau et le fit tourner délicatement dans ses doigts, la pointe en l'air.

– Prends-moi pour un con, fils de pute! Et dès que je me serai tiré tu vas te mettre à bander, fumier, dans mon pyjama! Tu veux négocier? J'suis d'accord. Ton fric ou ta peau.

– J'ai pas d'argent. Je rends service à la vieille.

– Le fric ou ta peau Charlie, t'as jusqu'à lundi. Et si tu caftes à Mado je te la coupe, O.K.?

– O.K., fit Charlie dans un souffle.

– J'te laisse le pyjama. J'voudrais pas que t'attrape froid.

Sans le lâcher des yeux le skin recula jusqu'à la porte et Charlie fut seul. Il remonta son pantalon, refit

1 **le futal** (pop.): Hose.
9 **bander** (pop.): geil werden, eine Erektion bekommen.
17 **se tirer** (fam.): sich aus dem Staub machen, verduften.
18 **négocier:** verhandeln.
22 **cafter** (pop.): ausplaudern, verraten.
la couper à qn (pop.): jdn. fertig machen, zum Schweigen bringen.

son lit et tira de sous le matelas son album des *Passagers du vent.* Si seulement c'était pas du papier peint. Vas-y Charlie t'es pas si petit. Te bile pas pour ton coloris.

6

Il avait tout essayé la première année pour s'arranger à l'amiable avec sa famille adoptive et se faire un copain du skin en le prenant du bon côté. D'ailleurs on aurait pu s'imaginer qu'un raciste il est pas si mauvais qu'on pense avec les gens de couleur et qu'il veut seulement bien rigoler sans chercher des poux. À l'institution le racisme était interdit par les monos, et aussi les clopes, la politique, les illustrés pornos. Au pavillon le racisme d'Éric leur dilatait la rate et monsieur Bob en pleurait dans sa serviette, Mado se gondolait à la dérobée. Le plus gondolé c'était Charlie pour avoir l'air aussi bon vivant qu'eux, pas soupe-au-lait ni rien du tout, et le skin lui donnait de grandes claques dans le dos.

Au début il avait pris Charlie sous son aile et tous les soirs, il l'emmenait conspirer dans sa chambre où

3 **se biler:** sich beunruhigen.
6 **à l'amiable:** gütlich.
10 **rigoler** (fam.): herumalbern, Spaß, Ulk machen.
chercher des poux: Streit anfangen (*le pou:* Laus).
12 **la clope** (pop.): Zigarette.
13 **dilater la rate à qn** (pop.): jdn. zum Lachen bringen (*la rate:* Milz).
14 **se gondoler:** sich vor Lachen krümmen.
14f. **à la dérobée:** heimlich.
16 **être soupe-au-lait** (pop.): sich leicht erregen.
20 **conspirer:** sich verschwören, eine Verschwörung anstiften.

ses parents n'entraient pas. Charlie s'extasiait devant le pavillon noir tendu sur le mur, un grand carré tissé d'argent, bouffé par les araignées, il s'extasiait devant la baïonnette, le nunchaku, les douilles de mitrailleuse allemande, et t'as rien vu, Charlie, la cantine, là, c'est plein de matos, des trucs sérieux, ça va faire mal. Si les démagos trouvaient ma cantine ils parleraient d'un véritable arsenal et tu verrais mes flingues au journal du soir. J'ai même un pétard de la Gestapo, un Lüger, j'te dis pas les cartons que je pourrais faire avec, j'ai mis les cartouches ailleurs pour éviter les tentations. C'est spécial, Néry, t'as des tentations, des occases, mais toi c'est différent, c'est privé. Je veux qu'ils sachent tous, à Néry, que toi c'est différent, et celui qui comprend pas y comprendra, Charlie, c'est mon job la persuasion, on les travaille au cutter au besoin, ça porte conseil.

– C'est quoi ton job, la police?

– Je t'expliquerai, Charlie, ouais ouais, la police secrète, on est des chasseurs, on mobilise à mort contre les démagos.

1 **s'extasier:** schwärmen, in Verzückung geraten.
3 **une araignée:** Spinne.
4 **le nunchaku:** japanische Waffe, bestehend aus zwei Metallstäben, die durch eine Kette verbunden sind.
la douille: Patronenhülse.
la mitrailleuse: Maschinengewehr.
5 **la cantine:** Kiste.
6 **le mato** (pop.): Kurzform für *le matériau:* Material, Ausrüstung.
le truc (pop.): Ding.
9 **le pétard** (pop.): Revolver.
10 **faire des cartons** (m., pop.): auf jdn. schießen.
12 **la tentation:** Versuchung.
une occas (pop.): Kurzform für *une occasion:* Gelegenheit.
15 **la persuasion:** Überredung, Überzeugungs(arbeit).
16 **le cutter** (angl.): Messer.

– C'est quoi les démagos?

– La pollution, tête de nœud! Mais toi c'est différent.

Un jour il dit:

– Et comment tu vas payer ta part, Charlie? Tout le monde paye à Néry. Attends voir.

Il y avait déjà les combats de chiens dans les taudis, passage Hirtoff, et pour dix francs on venait en bande, garçons et filles, assister à des peignées entre clébards qui n'étaient pas tous des terreurs à la diète, les mecs envoyaient au casse-pipe des bêtes volées complètement ramollos et suppliantes, le premier roquet vicelard leur sortait les boyaux.

– Les combats humains c'est l'avenir Charlie, et comme ça t'as rien à payer, tu nous dois rien. Et nous on complète le fichier des resquilleurs. J'ai confiance en toi, Charlie, t'es bâti comme un singe.

Trois mois durant dans la cour de l'hôtel en ruine, passage Hirtoff, les petits branleurs des cités se bousculèrent aux combats arbitrés par les skins, dix francs l'entrée, pièce d'identité exigée, pas de couteau, pas d'alcool, pas de came apparente, rien que les mains

2 **la tête de nœud** (pop.): Dummkopf.
6 **le taudis:** Elendsviertel, Elendsquartier.
8 **la peignée** (fam.): Tracht Prügel, Keile, Kampf.
le clébard (pop.): Hund.
9 **mettre à la diète:** auf magere Kost setzen.
10 **le casse-pipe** (pop.): Krieg.
11 **ramollo** (pop.): schlaff, wenig widerstandsfähig.
le roquet (pop.): Köter, Kläffer.
11 f. **vicelard, e:** tückisch.
15 **le resquilleur** (pop.): Zechpreller.
18 **le branleur** (pop.): junger Kerl.
19 **arbitrer:** als Schiedsrichter entscheiden.
21 **la came** (pop.): Kurzform für *la camelote:* hier: Kokain, Rauschgift.

nues, tas de merdeux! Les combattants entre dix et quatorze ans pouvaient défier Charlie Sanzor, le nègre des skins, le grand singe en slip là-bas, c'est lui. Tous les coups sont permis, le premier qui tombe a perdu, le premier qui parle aux flics est mort. Allez Charlie, tue-le! Tue-le Charlie.

Un soir on lui mit dans les pattes un boxeur de vingt ans payé pour lui flanquer la pâtée, pour qu'il attrape pas la grosse tête, le négro. Allez Charlie, tue-le. Il se mit à neiger dans la cour et le boxeur aveuglé par les flocons fondus n'arrivait pas à lancer les bons coups, il frappait mou contre une noire anguille trempée de neige, il s'épuisait dans la gadoue, la meute des branleurs sifflait et criait à mort! à mort! les filles se tenaient les oreilles en hurlant. Et les skins dépassés par les événements filèrent juste à temps pour ne pas voir leur cogneur à gros poings gisant sous les tatanes de la clientèle, garçons et filles.

Le lendemain les gendarmes sonnaient au pavillon. Charlie fit l'imbécile, Éric le malin. Charlie défendait sa peau, Éric son idéal. On les interrogea séparément. Charlie reconnut qu'il avait échangé des coups avec un

1 **le merdeux** (pop.): widerlicher Kerl, Scheißkerl.
2 **défier qn:** jdn. herausfordern, jdm. die Stirn bieten.
8f. **attraper la grosse tête** (fam.): hochmütig werden.
10 **aveugler:** blenden.
11 **le flocon:** Flocke.
12 **une anguille:** Aal.
13 **la gadoue:** Schmutz, Dreck, Müll.
17 **le cogneur:** Schläger.
gisant, e: liegend, ausgestreckt; bewegungslos.
la tatane (pop.): Schuh.
20 **faire l'imbécile** (m.): sich dumm stellen.

passant dans la rue, mais les jeunes des cités avaient pris sa défense. Il resta seul dans le couloir et les voix traversaient la cloison. Monsieur Bougran, appartenez-vous à un groupe d'extrême droite identifié sous le nom de skinhead? Elle est bien bonne, celle-là. Tout ça parce que j'ai les cheveux courts. Et si ça me plaît, moi, les cheveux courts. Les paras ont pas la boule à zéro, peut-être! À ce propos, monsieur Bougran, votre frère Charlie prétend que vous collectionnez du matériel militaire allemand … Et alors? C'est interdit d'être collectionneur? C'est du bon matos, les Allemands. La branlée qu'on a ramassée, en 40. C'est pas des amateurs. Pourquoi vous croyez qu'on fait des avions avec eux? On leur a piqué tous leurs savants après la guerre. On aurait bien piqué ceux des nègres, mais ils en ont pas … Monsieur Bougran, votre frère Charlie … Mon frère? C'est pas mon frère, Charlie, faut pas déconner, il est juste à l'essai. Pourquoi dites-vous le nègre M. Bougran? Et comment je dis, pour Charlie, monsieur le nègre?

Dans la nuit le skin descendit voir Charlie:

– T'as vu comment je leur ai parlé? J'ai pas peur des flics. Ils savent bien le boulot qu'on fait dans Néry … Va falloir s'écraser quelque temps côté bagarres. On va trouver autre chose. Tu peux pas rester sans payer. Dis donc, Charlie, c'est pas bien ce que t'as fait. T'aurais pas dû leur parler du matos. Ils veulent une liste com-

3 **la cloison:** Zwischenwand.
7 **le para** (pop.): Kurzform für *le parachutiste:* Fallschirmjäger.
12 **ramasser une branlée** (pop.): eine vernichtende Niederlage erleiden.
24 **s'écraser:** hier: sich vorsehen, zurückhaltend sein.
la bagarre: Schlägerei.

plète avec photos. Oublie pas que j'ai des tentations, des fois.

Jusqu'au printemps il ne fut plus question de payer ni des métèques, et Charlie finissait presque par oublier qu'il était noir, sauf au basket.

Un soir il alla chercher le skin au dépôt du Franprix et dans la cour il y avait une fille en minijupe qui se marrait en le regardant venir comme si c'était pas la première fois qu'elle le voyait. Elle lui serra la main.

– Salut Charlie.

Sa main, on aurait dit qu'elle l'avait d'abord trempée dans l'eau chaude, ensuite ils avaient marché tous les deux en direction des magasins et il se demandait qui ça pouvait bien être, cette grosse fille en sueur, et comment elle l'avait reconnu du premier coup d'œil, un noir il est pas forcé de s'appeler Charlie.

– Je travaille à la station essence, tu connais?

– Où ça?

– En face le bureau. Le portique de nettoyage avec les brosses bleues. Je lave les camions. T'auras qu'à demander Jacquotte.

Quand le skin les vit rappliquer ensemble il était sur la plate-forme en salopette orange et il avait de gros gants industriels. Quelque chose n'allait pas, d'ailleurs il n'ouvrait pas son bec.

7 **la minijupe:** Minirock.
14 **la sueur:** Schweiß.
17 **la station essence** (f.): Tankstelle.
19 **le portique:** hier: Tor.
le nettoyage: Reinigung; hier: Autowaschanlage.
22 **rappliquer:** wieder, zurückkommen.
23 **la salopette:** Overall, Arbeitsanzug.

– Il est sympa ton frangin. Pourquoi t'as dit qu'il avait douze ans?

Pas un mot, le skin, il était tout pâle et fumasse.

– Eh bien qu'est-ce que t'as?

Il ne l'ouvrit pas davantage et Jacquotte eut la parole en trop du genre qu'elle causait français jusqu'à nouvel ordre et que les oreilles ça se nettoyait.

– On va boire un verre au Père Igor, avec Charlie. Quand tu seras décongelé t'auras qu'à venir.

Le skin se réveilla d'un coup.

– J'te colle au mur, il dit d'une voix dingue.

Il l'empoigna d'une main par les cheveux derrière la tête et de l'autre il lui savonna la figure avec le gant dans tous les sens, à la fin il y avait du sang qui coulait du nez.

– Et toi aussi j'te colle au mur, sale négro.

Il arracha les gants et sortit de sa poche un petit miroir qu'il mit sous les yeux de Charlie, presque dans les yeux, et il tremblait tellement qu'il n'y avait rien à voir.

– C'est quoi, ça?

– C'est moi.

– C'est un nègre, enfoiré. C'est rien. La merde, c'est rien? Alors t'es rien. Et tu seras moins que rien si tu parles à Jacquotte.

1 **sympa** (fam.): Kurzform für *sympathique.*
3 **fumasse** (pop.): wütend.
6f. **jusqu'à nouvel ordre:** bis auf weiteres.
9 **décongeler:** auftauen; hier: sich abregen.
11 **dingue** (pop.): verrückt.
12 **empoigner:** packen, am Wickel nehmen.
13 **savonner:** einseifen.
23 **un enfoiré** (pop.): Blödmann, Nervensäge.

Le lendemain matin quand il était allé chercher Jacquotte en douce, à la station essence, elle était plus la même. Elle disait barre-toi, il est dangereux, s'il nous voit causer il me tue. Je ne suis pas maso.

Et depuis ce jour c'était la guerre entre eux au pavillon, c'était le nègre et le skinhead, Éric lui montrait son majeur tendu comme une lame, baisse tes gros yeux. Au dîner c'était lui qui commandait, pas trop de soupe pour le nègre, et quand il racontait ses blagues au dessert Charlie n'avait pas intérêt à trouver ça drôle. Ça rit pas un nègre. C'est pas fait pour ça.

– Baisse tes gros yeux.

Et lui, ses tout petits yeux …

Lâché par le skin, il s'était rabattu sur monsieur Bob qui voulait bien fermer la télé mais à condition qu'on aille jouer aux boules avec lui sur le terrain vague. Charlie prenait les boules en bois, monsieur Bob les boules en fer. Dans sa poche il avait un lacet pour mesurer les écartements. Elle est un peu jeune, Charlie. Ou bien: t'as le point, fiston. Ou bien: j'ai le compas dans l'œil. Partie gagnée, partie perdue. On n'en disait pas plus. On la bouclait. Monsieur Bob n'aimait pas les questions. Pas besoin d'un lacet pour faire le tri. Si la

2 **en douce:** heimlich, still und leise.
7 **la lame:** Klinge, Messer.
9 **la blague:** Ulk, Jux, Dummheit.
14 **se rabattre sur qn:** sich an jdm. schadlos halten; zu jdm. übergehen.
16 **le terrain vague:** unbebautes Land.
19 **un écartement:** Zwischenraum, Abstand.
20 **avoir le point:** richtig liegen, einen Blick für etwas haben.
20f. **avoir le compas à l'œil** (pop.): ein gutes Augenmaß haben.
23 **faire le tri:** auswählen, die richtige Entscheidung treffen.

réponse n'arrivait pas dans la minute, inutile de la saliver deux fois. Il remettait les boules dans la muselière en cuir et retournait s'oublier devant la télé.

Pas le mauvais cheval, monsieur Bob, mais dans la catégorie chacun-sa-merde, on trouvait pas mieux. Mado c'était différent. Elle avait les jetons d'Éric, elle s'écrasait mollo quand il lui disait de la fermer avec les cinq doigts en bec de corbeau. Elle et Bob avaient dû se ramasser un coup de gigot derrière les oreilles, dans le temps. L'un dans l'autre ils ne l'ouvraient plus qu'à peine et c'était déjà trop. C'était, seulement au lit qu'ils faisaient pas bande à part. Ils couchaient au premier. Le matin Charlie poussait la porte et regardait. C'était fou comme ils faisaient la paire en dormant, tout ça mélangé, les pieds, les mains, les cheveux gris ébouriffés, et pour savoir celui qui ronflait! Il y avait sûrement des nuits où monsieur Bob attrapait les mamelles en dessous la chemise et c'était parti. D'ailleurs c'était pas des mamelles à Jupiter qu'il sortait, le skin, mais forcément des mamelles à Mado quand elle était jeune et que le pompier la préférait aux avions. Plus rien n'intéressait monsieur Bob excepté les actualités à l'occasion des catastrophes aériennes avec de la

1 f. **saliver** (pop.): ausspucken; hier: wiederholt fragen.
5 **chacun-sa-merde** (vulg.): jeder für sich, menschenscheu.
6 **avoir les jetons** (m., pop.): Schiss haben.
7 **mollo** (pop.): vorsichtig.
8 **le bec de corbeau** (m.): Drahtzange; hier (pop.): Zeichen der Warnung.
9 **le coup de gigot** (m., pop.): Keulenschlag.
12 **faire bande à part:** hier: getrennte Wege gehen.
16 **ébouriffé, e:** zerzaust.
ronfler: schnarchen.
17 f. **la mamelle:** Brust.

barbaque humaine à la lumière des gyrophares et des envoyés spéciaux jurant que l'énigme planait sur la cause exacte du sinistre. Tous les matins il ouvrait son *Parisien* dans l'espoir d'y ramasser les cadavres d'un avion démantibulé contre la montagne ou tombé sur une agglomération aux heures d'affluence. Il allait à la pêche aux avions et quand par malheur il en pêchait un gros il déménageait du cerveau, ça recommence Charlie, putain de charter! bouffés par les requins, mon dieu, deux cents vacanciers en liquette à fleurs, va m'acheter les autres quotidiens, mets le turbo. Après il comparait les crobars, les débris, les témoignages et les avis des pros expliquant pourquoi le pilote avait merdé s'il avait merdé, s'il s'avérait que cette salope de boîte

1 **la barbaque** (pop.): Fleisch.
le gyrophare: mobiler, kreisender Scheinwerfer.
2 **une énigme:** Rätsel.
planer: schweben.
3 **le sinistre:** Unglücksfall.
5 **démantibuler:** zerschellen.
6 **une agglomération:** Siedlung, Ballungszentrum.
une affluence: Hauptverkehrszeit.
8 **déménager du cerveau** (pop.): dummes Zeug reden, faseln.
9 **putain de charter** (pop.): verflixtes Charterflugzeug (*la putain:* Hure).
le requin: Hai.
10 **le vacancier:** Urlauber, Feriengast.
la liquette (pop.): Hemd.
11 **mettre le turbo** (pop.): sich sputen, sich beeilen.
12 **le crobar:** Entwurf, Zeichnung.
le débris: Trümmer.
13 **le pro** (pop.): Kurzform für *le professionnel:* Fachmann, Profi.
merder (vulg.): Scheiße bauen, versagen.
14 **s'avérer:** sich bewahrheiten, sich herausstellen.
salope (pop.) **de:** verdammte.
14f. **la boîte noire:** Blackbox.

noire, introuvable pour le moment, confirmait bien l'erreur humaine. Et les satellites, alors, ça sert à quoi? Il faisait chier tout le monde avec son accident d'avion, il parlait tout seul, il avait des crises de larmes et Mado lui refilait des tranquillisants. Ça lui rappelait quand il était pas si jeune et qu'il pilotait les voitures de pompiers. À la caserne il avait connu Mado qui s'occupait des premiers soins. Elle était de repos le jour où le DC-10 marocain s'était viandé sur la forêt d'Ermenonville, mais lui, monsieur Bob, il était arrivé le premier là où ça cramait dans les bois, l'avion, les gens, les hôtesses de l'air, les oiseaux, le kérosène renversé, l'enfer. Le lendemain ça divaguait sec, il ne tournait pas plus rond qu'un DC-10 avarié, j'ai sauvé tous les passagers, les gars, c'est un miracle, pas un blessé, pas une égratignure, les femmes, les enfants, c'est moi qui les ai rassis dans les fauteuils, une bringue avec les pilotes! Ensuite il y allait au ralenti, sur les incendies, il se trompait de chemin et dès qu'il voyait du feu il faisait sous lui. C'est alors on l'a réformé. Monsieur Bob n'a

1 **introuvable:** unauffindbar.
3 **faire chier qn** (vulg.): jdn. ärgern, jdm. auf die Nerven fallen, auf den Geist gehen.
5 **refiler** (fam.): andrehen, unterjubeln.
le tranquillisant: Beruhigungsmittel.
6 **piloter:** steuern.
9 **se viander:** einen schweren Unfall haben.
11 **cramer:** brennen.
13 **divaguer:** herumlaufen, umherirren.
14 **avarié, e:** beschädigt, defekt.
15 **le gars** (pop.): Bursche, Kerl.
16 **une égratignure:** Schramme, Kratzer.
17 **la bringue** (pop.): Hochzeit, Festlichkeit.
18 **aller au ralenti:** langsamer werden, langsamer fahren.

plus jamais fait pimpon. Fallait pas chercher plus loin quand il répondait pas aux questions. Ça devait résonner comme si l'avion flambait toujours dans les bois et qu'il entendait les gens à moitié brûlés lui crever les tympans, monsieur Bob! monsieur Bob! au secours! Et chaque fois au lieu d'avancer dare-dare à la rescousse il chipotait, ça sert à rien que je brûle avec eux, c'est déjà bien assez l'enfer. Et ça lui restait marqué dans les yeux pour la vie: ça sert à rien d'aider Charlie, ça sert à rien d'enfiler son froc le matin, ça sert à rien la télé, c'est juste un mauvais quart d'heure à passer, le plus dur est déjà fait. S'il était copain de Charlie c'était pas bénévole, il avait besoin de lui tous les matins pour aller à la librairie chercher des catastrophes aériennes, preuve qu'il touillait dans une histoire vraie quand il avait ses cauchemars et que tout le quartier l'entendait crier dans la nuit monsieur Bob! monsieur Bob! au secours.

Trois fois au cours de l'année Charlie s'est fait bien voir par monsieur Bob, trois avions en morceaux.

Le 747 de la compagnie israélienne El Al quand Éric a dit: des youtres? Bien fait.

1 **faire pimpon** (pop.): Feuerwehrmann spielen.
3 **flamber:** Flammen schlagen, flackern, lodern.
5 **le tympan:** Trommelfell.
6 **dare-dare** (fam.): schleunigst, in aller Eile.
la rescousse: Hilfe.
7 **chipoter** (pop.): hier: trödeln.
10 **enfiler:** rasch über-, anziehen.
13 **bénévole:** uneigennützig.
15 **touiller:** sich bewegen, mitmischen.
16 **le cauchemar:** Albtraum.
22 **le youtre** (pop.): Jude.

L'airbus du mont Sainte-Odile quand Éric a dit: j'aime mieux être à ma place qu'à la leur.

Le 747 de la TWA quand Éric a dit: c'est terroriste. C'est pour ça qu'il faut purifier plein pot.

La dernière fois Charlie s'est gouré sur le *Parisien*. On voyait la photo d'un gros avion mais il était tout simplement bloqué sur la piste en raison des grèves du personnel au sol et les passagers n'étaient pas carbonisés dans les fauteuils.

– Ça fait rien Charlie. C'est mieux comme ça. T'imagine s'il était tombé, la boucherie? Jamais tu me feras monter dans leurs cercueils volants. Qu'est-ce qui se passe, mademoiselle? On tombe, monsieur. Ah bon. Accroche-toi Jeannot. L'avion tombe et t'es dedans. C'est toi qui tombes, Charlie. Splash! La bouillie. Les gens font la queue pour finir en bouillie. Prends les statistiques, Charlie. C'est pas des milliers, c'est des milliards de candidats à la bouillie. Merci bien, où qu'y vont! Y a pas marqué pigeon.

Avec Bob, Éric, Mado, y avait jamais marqué pigeon. Mais lui, y avait toujours marqué négro.

4 **purifier:** reinigen.
plein pot (pop.): von Grund auf, radikal.
5 **se gourer** (pop.): sich täuschen, irren.
8f. **carboniser:** verkohlen.
11 **la boucherie:** Gemetzel, Blutbad.
12 **le cercueil:** Sarg.
15 **splash!** (angl.): plumps!
la bouillie: Mus, Brei.
18f. **où qu'y vont?:** *où est-ce qu'ils vont?*
19 **marquer pigeon** (pop.): reingelegt, geprellt werden.

7

Le mercredi Mado l'emmena faire des courses à Paris du côté de la République. Elle lui montra l'ancien boulevard du Crime et les théâtres fermés où elle n'était jamais allée quand elle était jeune. Elle lui acheta des gants de Skaï fourrés au marché de la Grisette et le marchand fit une réduction parce qu'il était du bled. Charlie était plutôt branché casquette en jean, mais Éric n'était pas d'accord, il disait qu'un noir faut qu'il assume ou sinon c'est pas la peine. Elle acheta des gombos en vrac et des feuilles de brick à la manière de Belville. Ils redescendirent le boulevard de Sébastopol et visitèrent un dépôt de moquette à prix sacrifiés, qu'est-ce que ce serait s'ils n'étaient pas sacrifiés! Mado lui dit qu'il aurait bientôt la chambre d'Éric. Ils la repeindraient tous les deux un week-end et c'est lui qui choisirait la couleur. Le papier peint c'est bon marché mais c'est pas de la tarte à poser et la peinture on peut laver comme on veut. On paierait les boîtes petit à petit sur les vingt francs du lundi soir. On inviterait ses copains à goûter pour fêter la chambre, on leur apprendrait à faire des beignets, c'est rigolo non? Et les

6 **fourré, e:** gefüttert.
7 **le bled** (pop.): Hinterland.
8 **brancher:** hier: auf etwas einstellen.
10 **assumer:** auf sich nehmen, übernehmen.
11 **le gombo:** längliche subtropische Frucht aus Indien.
en vrac: lose.
la feuille de brick: Gebäck aus Blätterteig.
13 **la moquette:** Auslegware, Teppich.
le prix sacrifié: Schleuderpreis.
18 **être de la tarte** (pop.): schwierig, problematisch sein.
22 **le beignet:** Krapfen, Pfannkuchen.

crêpes à la chandeleur, c'est pas rigolo? Tu sais jouer aux cartes? Eh bien t'apprendras. Éric, à part la bataille et le poker. Un de ces quatre ils iraient au Conservatoire des Arts et Métiers. T'as des jours c'est gratuit pour les jeunes et aussi pour les vieux. J'y pense, le dimanche, plus la peine de galérer en bus. Elle pourra l'accompagner en voiture à ses matchs de basket. C'était plein de beaux endroits à visiter, à Paris, dans les environs, des musées, des jardins, et à soixante ans bientôt, Charlie, j'ai rien visité. Il n'imaginait pas le nombre de fesses qu'elle avait piquées durant sa vie pour des prunes et pour n'avoir jamais une seconde à elle, un sou de côté. Le Louvre? Jamais allée. Les catacombes? Jamais. Les égouts en barque? Jamais. La Seine en bateau-mouche? Jamais. Les Champs-Élysées? Une seule fois, un 14-juillet. Il y avait foule et on voyait rien que des parapluies. Le coiffeur? Jamais, Charlie. Elle se débrouillait avec le peigne à lame et les bigoudis. Danser? Le bal des fusillés, après la guerre. Tous des cocos là-dedans. Le restaurant? Ouais, les jours d'enterrement. J'y pense, Charlie. La prochaine fois je t'emmène manger une pizza chez l'Italien du

1 **la crêpe:** Eierpfannkuchen.
la chandeleur: Lichtmess.
2f. **la bataille:** Kartenspiel.
3f. **le Conservatoire des Arts et Métiers:** Kunst- und Gewerbeakademie.
12 **pour des prunes** (f., fam.): umsonst, für nichts und wieder nichts.
14 **un égoût:** Abwasserkanal.
15 **le bateau-mouche:** (kleiner) Personendampfer, Vergnügungsdampfer.
18 **le peigne à lame** (f.): Frisierstab, Lockenschere.
18f. **le bigoudi:** Lockenwickler.
20 **le coco** (pop.): (komischer) Kerl, Typ.

boulevard du Crime. Ça changera du centre commercial de Néry.

Charlie ne savait plus quoi penser quand elle était gentille et qu'ils se donnaient le bras bien au chaud l'un contre l'autre en attendant pour traverser la rue. Elle cherchait peut-être à l'entortiller par des faussetés de peur qu'il aille tout cafter aux voisins et que les gendarmes se repointent au pavillon.

– Pourquoi vous m'avez adopté?

– Pour nous rendre utiles à la société, Charlie.

– C'est quoi la société?

– T'as qu'à regarder le boulevard. C'est les gens. Faut bien les tenir.

– C'est la vraie raison pourquoi vous m'avez adopté?

– J'aurais tourné neu-neu. T'as remarqué? Y n'ont pas d'appétit au pavillon. Éric mange pas, monsieur Bob mange pas. J'en avais marre de vider le potage aux ouatères.

– C'est vrai que tu voulais un blanc et pas un noir?

Mado secoua la tête:

– Il dit ça pour t'embêter.

– Ça me troue.

– Ça va Charlie.

Elle eut plusieurs soupirs saccadés d'asthmatique.

– Et pourquoi veux-tu qu'il t'aime? Ça veut dire

6 **entortiller:** hereinlegen, einwickeln, beschwatzen.
la fausseté: Falschheit, Unwahrheit; Heuchelei.
8 **se repointer:** wieder aufkreuzen, wieder ankommen.
16 **neu-neu** (pop.): Kurzform für *neurasthénique:* nervenkrank.
23 **trouer:** hier: wütend machen, empören, entrüsten.
25 **saccadé, e:** ruck-, stoßartig.

quoi, ces caprices? … Tu crois qu'il m'aime, moi? Et monsieur Bob, il aime qui? Et toi? Vous êtes bien tous pareils. Éric n'aime pas les noirs et toi t'aimes pas les skins. Chacun ses goûts.

Elle ne lui laissa pas le temps de répondre.

– Oh bien sûr que tu m'aimes, t'as besoin de moi. Et puis le jour où t'auras plus besoin.

Après quelques minutes elle reprit la voix radoucie:

– Peut-être bien qu'on a tous les deux besoin. Tu sais quoi Charlie? Éric a un idéal qui ne plaît pas à tout le monde. Il ne faut jamais en parler.

– Il est néo-nazi?

Elle s'arrêta net, pas contente, les sourcils agités.

– Si tu répètes ce mot j'appelle monsieur Valentin.

– Mais non, je te jure, j'ai rien dit. Faut bien la purifier, la société. Si c'est pas lui qui le fait qui c'est? Les flics c'est des branleurs. Les grèves de métèques, ça peut plus durer. Y'en a marre des pollueurs.

– Les perroquets non plus ça peut plus durer. T'as tort de jouer au plus fin, Charlie. C'est sérieux la société. C'est pas un petit jouet détraqué pour causer quand on n'a rien à dire à une vieille bonne femme dans mon style. Heureusement qu'on a le groupe sécuritaire à Néry.

– C'est qui Zyklon?

– Le diable ou le bon dieu, je sais plus. Chez les Indiens.

1 **le caprice:** Laune.
8 **radoucir:** mildern, beschwichtigen, besänftigen.
18 **le pollueur:** Umweltverschmutzer.
19 **le perroquet:** hier (pop.): Petzer, Denunziant.
20 **jouer au plus fin:** gerissen, schlau, durchtrieben sein.
21 **détraqué, e:** kaputt, entzwei, zerbrochen.

– Chez les Indiens c'est tous des métèques.

– Arrête un peu, Charlie, tiens ta langue. On est bien content de l'avoir, Éric, à Néry. Tu verras quand il sera parti, la tête que tu feras. Il est si fragile ce gamin.

Un vrai mystère, la mère et le fils. Et si les murs ont des oreilles de skinhead, c'est tout le pavillon qu'il faut badigeonner au sérum de vérité pour bien savoir ce qui s'est passé du temps qu'Éric était môme, était merdeux, et que les parents noirs de Charlie, les vrais, ne s'étaient pas bricolés pour mettre au monde un orphelin d'institution, un paumé d'assistance récupéré maintenant dans un pays où les nègres font aussi peur que des crocodiles.

Ils allèrent dans une boutique en bois chez Marty et Mars choisir des boutons pour un manteau d'hiver que Mado s'était retaillé. Elle n'en finissait pas d'hésiter entre le modèle à deux trous et le modèle à quatre. Entre le modèle en plastique et le modèle en résine. Le modèle à deux trous faisait plus jeune, le modèle à quatre ferait plus d'usage, il était moins cher et moins tarabiscoté. Deux trous gratuits c'est pas négligeable et va pas t'imaginer qu'on les trouve sous le pied d'un cheval. Elle lui demanda son avis pour les boutons. Il préférait le modèle à deux trous à cause du pourtour

7 **badigeonner:** tünchen, weißen.
8 **le, la môme** (pop.): Kind, Balg, Bengel.
10 **bricoler:** hier: pfuschen.
10f. **un, e orphelin, e:** Waise, Waisenkind.
11 **le paumé** (pop.): Asozialer, Schwererziehbarer.
16 **retailler:** schneidern, ändern.
18 **la résine:** (Kunst-)Harz.
21 **tarabiscoté, e:** überladen, überkandidelt.
négligeable: unwesentlich, belanglos.
24 **le pourtour:** Rand.

argenté. C'était justement ça qui déplaisait à Mado, ce tape-à-l'œil ridicule et coûteux. Elle se souvint alors du vieil imperméable de monsieur Bob, à boutons beiges recouverts de peau. Il suffirait de les foncer au cirage. Des frais, toujours des frais, Charlie.

Ils prirent le métro gare de Lyon direction Néry.

– Tu parles d'Éric, au collège?

– Non.

– Tu es sûr?

– Je dis à personne qu'il est néo-nazi. Chacun son idéal.

Il eut alors une idée contre laquelle Éric ne pouvait rien, sauf à les zigouiller tous les deux, sa mère et lui sur les rails. Il irait lundi gagner son blé chez mademoiselle Irsch, comme d'habitude, et Mado viendrait le chercher, c'te bonne blague, et le ramènerait sain et sauf à la maison. Qu'est-ce que c'est pour elle, dix heures du soir? De toute manière elle est insomniaque. De toute manière elle aime piétiner la nuit, tournailler, plier des sacs, parler à son ombre, remplir des valises et les vider aussitôt, changer les objets de place, se laver les cheveux à des heures impossibles en faisant re-

1 **argenté, e:** silbern, versilbert.
2 **le tape-à-l'œil** (pop.): Protzerei, Angabe.
coûteux, se: teuer, kostspielig.
4 **foncer:** dunkler machen, dunkler färben.
le cirage: Schuhcreme.
13 **zigouiller** (pop.): abmurksen.
16f. **sain et sauf:** gesund und munter.
18 **insomniaque:** an Schlaflosigkeit leidend.
19 **piétiner:** sich die Füße vertreten.
tournailler: dauernd hin und her gehen.
22f. **retentir:** ertönen, dröhnen.

tentir le chauffe-eau. Il fit sa demande, elle l'envoya sur les roses. Oh pas violemment. Elle n'était jamais violente avec sa voix. La violence arrivait des grands yeux de cheval douloureux qui donnaient l'impression, toujours, qu'on la persécutait sans de solides raisons.

– Déjà que je suis toute la journée sur mes jambes et toi tu veux me faire ressortir dans le froid. J'ai le cœur en vrac, moi.

C'était bidon les varices et bidon le cœur en vrac. Les gens appelaient Mado la nuit pour qu'elle vienne régler des perfusions ou clamper les tuyaux des vieillards qui n'arrivaient plus à pisser d'eux-mêmes. Et Charlie balisait quand elle sortait. Il entendait Éric marcher au-dessus de lui. Il savait qu'il allait couper l'électricité. En prévision il allait se planquer tout petit dans le boyau du fond, sous les compteurs.

– Si je suis mort, lundi, tu penseras quoi?

– Qu'on n'aurait jamais dû t'adopter. Tu ne mourras pas, moi je te le dis.

S'il n'osait pas rentrer sans escorte il n'avait qu'à s'adresser à son frère, tiens! c'était plus sûr. Il n'avait pas peur des coups, lui.

– À Éric?

– Et alors? Il est à la tête d'un groupe de sécurité. Je suis sûre qu'il serait d'accord pour te ramener.

– Pas moi! cria Charlie, les larmes aux yeux.

1 **le chauffe-eau:** Warmwasserspeicher, Boiler.
1f. **envoyer sur les roses:** abweisen, abblitzen lassen.
5 **persécuter:** verfolgen.
9 **la varice:** Krampfader.
11 **la perfusion:** Durchfluss, Abfließen.
13 **baliser:** sich einigeln.
15 **en prévision** (f.): zur Vorbeugung.

Sa mère le regarda scandalisée.

– Mais si voyons! Je lui en parle ce soir. Ne sois pas stupide.

– Alors j'y vais pas.

– Eh bien tu n'y vas pas. D'ailleurs je t'interdis d'y aller.

Ils se regardèrent. Il vit qu'elle était au courant pour les agressions du lundi soir et qu'elle ne l'avouerait jamais.

Avant d'arriver elle glissa l'air de rien que la maison lui semblerait bien vide après le départ d'Éric à l'armée.

– C'est quand?

– T'as pas besoin de le savoir. Pas plus d'un mois si j'ai bien compris. Il veut pas qu'on en parle alors t'en parles pas. Il dit ça tous les mois.

Quatre lundis soir, pensa Charlie, quatre passages Hirtoff déserts, quatre Bordeaux-Paris et peut-être un seul, le dernier. D'accord, il attendra le départ d'Éric à l'armée pour retourner chez mademoiselle Irsch. C'est mieux que d'être mort. Et c'est le seul moyen pour arriver sain et sauf jusqu'aux nibards de Rita.

Ils descendirent à Néry-Village. La pluie tombait sur le chemin du retour à pied. Charlie portait les sacs. Il refusait qu'elle en porte un seul et le plastique des anses lui meurtrissait la peau. Tous les gens qu'ils croisaient avaient un petit regard pour Charlie, tous ils connaissaient Mado qui leur trouvait déjà meilleure

1 **scandaliser:** entrüsten, empören.
10 **l'air de rien:** nebenbei, unauffällig.
25 f. **une anse:** Griff, Henkel.
26 **meurtrir:** wund reiben.

mine que la dernière fois, vous tenez le bon bout, l'hiver est bientôt fini. Ils s'arrêtèrent à la boucherie chevaline et rentrèrent à la maison par le passage Hirtoff où c'était désert à part un chien qui sniffait le long du mur. L'humeur de Mado changea. Elle marmonnait et pressait le pas. Charlie n'entendait pas ce qu'elle disait, mais d'après les intonations c'était pas folichon. Ils longèrent la façade en ruine et Mado regarda la fenêtre béante par où l'on accédait au terrain vague.

– C'est là qu'ils te font passer?

– Oui.

– Et au bout, c'est les voies ferrées.

– Oui, derrière les squats.

Charlie posa les sacs sans les lâcher, le sang fourmillait dans ses bras. Il décrivit l'endroit, le coin des sans-abri, celui des dealers. Passé la cour il y avait une autre maison avec des fenêtres à barreaux auxquels des loubards l'attachaient il n'y a pas si longtemps. La dernière fois ils l'avaient ligoté sur les rails, à poil.

– À qui t'as raconté ça?

– À toi.

– Qui d'autre?

1 **tenir le bon bout:** auf dem richtigen Weg sein.
2f. **la boucherie chevaline:** Pferdemetzgerei.
4 **sniffer** (angl.): schnüffeln, schnuppern.
7 **une intonation:** Betonung.
folichon, ne (pop.): heiter, fröhlich.
9 **béant, e:** klaffend, halb offen.
accéder: gelangen, Zugang haben.
12 **la voie ferrée:** Schienenweg, -strang.
13 **le squat** (pop.): besetztes Haus.
14f. **fourmiller:** hier: kribbeln.
15f. **le sans-abri:** Obdachloser.
17f. **le loubard** (pop.): junger Strolch.

– Rien qu'à toi. Mais je pense qu'Éric est au courant.

– Quel rapport avec Éric, cochon menteur! Tu verrais ton nez.

Elle trouillait à mort de la propagande antinazie chez les voisins qui pourtant n'étaient pas des angelots. C'était vrai qu'il n'en parlait à personne. Il avait honte de ses histoires d'agression, des fois même il se demandait si ça valait le coup d'être aussi noir par les temps qui courent. Et si jamais Rita était raciste autant qu'Éric il l'avait dans l'os.

Mado se remit à marcher. Ils arrivèrent au café Chez Gino.

– C'est là qu'ils m'attendent, fit Charlie pour sa pomme. Ils font des grimaces à travers la vitrine, ils m'arrosent de bière.

– Cochon menteur.

– Je mens pas.

– J'ai dit menteur et j'ai dit cochon!

– T'as qu'à demander au patron du bar.

Ce qu'elle fit.

Le rital avait un feutre noir et une moustache tombante. Non madame, il n'acceptait pas les voyous chez lui. Non madame, il ne tolérait pas les jeunes en état d'ébriété d'ailleurs la loi l'interdisait. Il y a un panneau

4 **trouiller** (pop.): Schiss haben.
5 **un angelot:** Engelchen.
8 **valoir le coup:** sich rentieren, sich lohnen.
10 **l'avoir dans l'os** (m.): in den Wind schreiben.
13 f. **pour sa pomme** (pop.): für sich, vor sich hin.
21 **le feutre:** Filzhut.
22 **le voyou** (pop.): Gauner, Stromer.
24 **une ébriété:** Trunkenheit.
le panneau: (Wand-)Schild.

à l'entrée sur la répression des mecs bourrés. Moi je ne vois rien de derrière le bar. Je ne peux pas être au bar et surveiller la baston. Je suis là pour servir les clients corrects. À mon avis c'est tranquille, chez moi. À mon avis c'est jamais qu'un petit rade à la bonne franquette où l'on trouve une ambiance rétro pas chère. C'est billard et flipper, chez moi. Pas d'armes, pas de stupéfiants, pas d'alcool de contrebande, pas même un petit joint par-ci par-là pour fermer les yeux des municipaux. Rien que des gens bien dans leur peau comme ces messieurs, là … Charlie se retourna et vit deux types au crâne rasé, goguenards, occupés à fixer des yeux la boule blanche sur le tapis vert du billard. Si c'était pas les copains d'Éric! … Le plus jeune avait une épingle à l'oreille, assortie d'une chaînette, le second portait des bottillons terminés par une pointe en fer. Ses yeux, on aurait dit des crachats.

En arrivant au pavillon la mère dit à Charlie: j'ai pas de force avec les menteurs. Faut vraiment qu'on appelle l'institut. Je dis ça, moi, c'est pour ton bien. C'est pas ton truc, la famille.

1 **la répression:** Strafandrohung, -verfolgung.
bourré, e (pop.): besoffen.
3 **la baston** (pop.): Schlägerei.
5 **le rade** (pop.): Bar, Tresen.
à la bonne franquette (fam.): ohne besondere Umstände, zwanglos.
6 **une ambiance:** Stimmung, Atmosphäre.
rétro (pop.): hier: altmodisch, nostalgisch.
7 f. **le stupéfiant:** Rauschgift.
8 **la contrebande:** Schmuggelware.
12 **goguenard, e:** spöttisch.
16 **le bottillon:** Halbstiefel.
17 **le crachat:** Spucke, Auswurf.

8

Charlie n'osait pas se tourner vers le mur. Trois jours qu'il ne dormait pas, ne dînait pas, se bourrait de marshmallows dans son plumard. Trois jours d'hallucinations, trois nuits, les souliers cloutés, les boules à zéro luisant comme des poissons crevés, les rails glacés, l'express Bordeaux-Paris déboulant à travers sa chambre, les ricanements d'Éric, on s'est trompé d'aiguillage, du con! Trois jours qu'il errait d'un extrême à l'autre. Retourner chez mademoiselle Irsch? L'angoisse. Renoncer aux vingt francs du lundi soir? Il enrageait. Clopinette après clopinette. Fric après fric. Et l'habit de lumière? Et la jolie copine assurée le jour où le Charlie d'institution devient le Charlie de compétition, le seul qualifié pour aborder la fille et lui dire on pourrait aller au cinéma nous deux?

Une heure du mat. Qu'est-ce qu'elle fout Mado? Normalement elle lui portait à manger mais elle craignait d'être vue par Éric. Et le skin itou. Il y regardait à deux fois avant de descendre au sous-sol de peur que sa mère le chope en train d'emmerder son nègre à elle, au mépris des voisins. Le skin s'endormait, Mado rap-

3 **se bourrer de qc:** sich mit etwas vollstopfen, etwas verschlingen.
4 **le plumard** (pop.): Bett.
7 **débouler:** durchrasen.
8 **le ricanement:** Hohngelächter.
8f. **un aiguillage:** Weiche.
9 **errer:** umherirren.
15 **aborder:** ansprechen, anmachen.
17 **le mat** (pop.): Kurzform für *le matin.*
19 **itou:** auch, gleichfalls.
21 **choper** (pop.): erwischen.
22 **au mépris de qn:** ohne Rücksicht auf jdn.

pliquait sur la pointe des pieds et déposait un pique-nique à l'entrée, tu dors Charlie? Si tu dors je reprends l'assiette? Mais non, je ne dors pas. Alors dépêche-toi de venir manger. C'est écœurant, tu sais, d'accuser son frère. Éric est assez fragile comme ça. Et tu t'étonnes après qu'il t'en veuille à mort. Ah t'es vraiment pas béni! «– Ça veut dire quoi béni?» «– Et alors? T'en as qui le sont, t'en as qui le sont pas, c'est tout.»

C'était son truc, la bénédiction. Le skin était béni, pas lui. Le skin avait sa photo sur le buffet du salon. Lui, sa photo marinait à l'intérieur du buffet dans un dossier gris avec la mention: tendance à broder, et un tas d'autres commentaires qu'ils pouvaient se foutre au cul, comme quoi s'il brodait c'était sentimental depuis la mort en couches. Au bahut, quand c'était trop sentimental il mettait sa langue à fond comme une chaîne hi-fi, tous ses copains lui faisaient confiance, il racontait qu'il ne resterait pas noir indéfiniment, ça partirait le jour où les sacs l'adopteraient, pourquoi tu crois qu'on dit faire peau neuve? Depuis qu'il est à Néry c'est pire, il a toujours une histoire à broder. Une fois c'est un chien qui mord un pigeon, une autre la voisine est renversée par le bus, je te jure maman, la grosse dame au chapeau de fourrure, elle a pas vu le bus et lui non plus. Le soir il s'excuse auprès du bon dieu, il dit s'il vous

4 **écœurant, e:** ekelhaft, widerlich.
9 **la bénédiction:** Segen, Segnung.
11 **mariner:** eine Ewigkeit warten lassen.
15 **la couche:** hier: Wochenbett.
16 **mettre sa langue à fond** (fam.): sich energisch, geräuschvoll Gehör verschaffen.
20 **faire peau neuve** (fig.): ein anderer Mensch werden.
24 **la fourrure:** Pelz.

plaît pardon, assez fort pour être entendu, pas trop fort pour qu'on lui réponde pas. Maintenant, sa mère au premier mot dans la lune, elle attrape son nez, elle tord: il bouge, tais-toi. Sauf qu'il ne bouge pas. C'est elle qui ment, tout ment. C'est pas vrai qu'elle appelle monsieur Valentin bien fort à l'institution, j'ai peur qu'on soit obligé de ne pas donner suite, monsieur Valentin, on est désolé mais on ne peut pas garder Charlie. Entendu monsieur Valentin, vous le récupérez demain soir et Mado frimait dans l'appareil mais à sa manière de parler comme à l'intérieur d'une casserole, il voyait que monsieur Valentin ne pouvait pas être au bout du fil.

À moitié conscient Charlie murmure: omnisports, basket, Rita, Charlie, c'est maintenant qu'il veut lui toucher les mamelles, pas hier, pas demain, c'est maintenant qu'il veut les tirer au clair et savoir si c'est chaud, si c'est lourd, si c'est fondant sous la joue comme le raisin, si ça coule au bout comme du lait d'enfant. Il se pelotonne, il voit des choses qu'il ne peut pas croire et qu'il a vues dans les illustrés pornos. Il emmène Rita sur le bateau des *Passagers du vent*, c'est ça qui fait saliver, les tropiques étoilés du sud, la super chemise brodée dans la cabine éclairée par une seule bougie. Où vont-ils? En Afrique, au pays dont il ne garde aucun souvenir malgré la femme du centre d'hébergement, malgré le papillon qui lui a donné la

3 **le mot dans la lune:** Lüge, Schwindelei.
tordre: um-, verdrehen.
13 **les omnisports:** Mehrzwecksporthalle.
17 **fondant, e:** weich, auf der Zunge zergehend.
19 **se pelotonner:** sich zusammenkauern.
22 **les tropiques** (m.): Tropen.
24 **la bougie:** Kerze.

vie sauve. Arrivé là-bas il repart de zéro, la maison d'herbes et de boue dans les rochers noirs, il accompagne sa mère à la crevette, ils font aussi les crocodiles et la chaussure de luxe, il achète à Rita sous les cocotiers une librairie *Le Monde et ses publications* et comme il n'est pas bégueule il envoie des mandats à Néry pour dédommager les Bougran du gosse en moins, surtout Mado. Au besoin il lui paie l'avion si c'est pas trop mauvais pour son cœur et si monsieur Bob n'en fait pas toute une épilepsie dans la baraque à la pensée du crash. Et la nuit ces choses-là n'ont rien d'une mauvaise lampe où dort le génie des miracles, la nuit ces choses-là prennent le temps d'arriver, Rita dit oui, Rita dit tu as la peau douce, Charlie, il est sa noire écorce, elle remue dans sa gangue, il y a des milliers de mains dans l'arbre qu'ils font pousser en se donnant des petits coups l'un l'autre. Demain, Charlie, demain. Rita lui sourit.

À la boutique il n'ose pas la brancher devant les clients, il a peur de sa mère, une vieille bonne femme à la caisse avec une moustache et des lunettes d'assassin. Heureusement qu'il a tout prévu. Il attendra Rita dehors et quand elle sortira mettre les journaux sur le présentoir il aura l'habit rouge à macarons blancs, il

4f. **le cocotier:** Kokospalme.
6 **bégueule:** hier: engherzig.
le mandat: Überweisung, Zahlungsanweisung.
7 **dédommager:** entschädigen.
14 **une écorce:** Rinde, Borke, Schale.
15 **la gangue:** Muttererde.
18 **brancher:** hier: umarmen.
20 **un assassin:** Mörder.
23 **le présentoir:** hier: Zeitungsgestell, -auslage.
un habit: Frack.
le macaron: hier: Rosette.

l'embrassera sur la bouche en avant-première, comme dans les illustrés pornos, comme à la télé. À quel moment on dit je t'aime à une fille? À quel moment on peut lui toucher les mamelles? Si la moustachue radine sa fraise il est cuit. Sûr que Mado le renverra chez monsieur Valentin. Sur sa fiche il aura brodeur et vicieux. Il ne saura jamais combien ça pèse, un nibard, un kilo deux kilos et des poussières, et si c'est fondant mouillé comme le raisin. Il y a plein de gens qui passent leur vie à ne pas savoir, les gens des prisons, les déshérités des petites sœurs, les fous dans leur chair à saucisse, les condamnés à mort, les curés, les métèques autour de Paris dans les banlieues chaudes, on leur coupe les couilles au premier patin sans permis. Les racistes ils sont bégueules et despotiques avec les nibards des filles. Les seins blancs ça va pas dans les mains noires, mais les seins noirs ils y vont sans permis. Pourtant les mains d'Éric elles sont affreuses et délicates. On voudrait qu'elles soupèsent les nibards de personne. On voudrait qu'elles soient cousues dans ses poches et qu'on n'en parle plus.

À l'institution ça courait pas les rues, les filles, même au réfectoire où les serveuses avaient des tabliers,

1 **une avant-première:** Voraufführung.
4 **moustachu, e:** mit einem Schnurrbart.
radiner: hier: sich merken.
5 **la fraise** (pop.): Gesicht.
6f. **vicieux, se:** liederlich, lasterhaft.
11 **le déshérité:** Enterbter; völlig Mittelloser.
11f. **la chair à saucisse** (f.): Wurstmasse.
14 **couper les couilles** (f., pop.): liquidieren, abmurksen; kastrieren.
le patin (pop.): Streit.
18 **affreux, se:** abscheulich, entsetzlich, scheußlich.

même à Noël quand les monos envoyaient l'invitation portes ouvertes aux membres bienfaiteurs, des vieilles chouettes en jeans et en bijoux partout qui se gênaient pas pour leur faire la bise autant de fois qu'elles voulaient. Sous le sapin Charlie mettait ses tennis de toile bleue, mais ces enfoirés, au lieu de remplacer les souliers d'orphelinat par des baskets à contrefort de compète, ils lui fourguaient des petites bagnoles à monter soi-même et des illustrés sur un barbu qui multipliait pas les filles, uniquement les pains et poissons, les fruits et légumes, et Charlie ça lui foutait la gerbe avant d'arriver au bout. Rien à cirer du barbu, des poissons. Soit des baskets, soit une famille et c'est arrivé du jour au lendemain.

9

La première fois qu'il vit les Bougran il eut un choc. Il ne les imaginait pas si mal réveillés. Leurs paupières, on avait envie d'y mettre des allumettes ou carrément d'en couper un morceau pour voir l'œil en entier.

– Comment tu t'appelles?

2 **le bienfaiteur:** Wohltäter.
3 **la chouette:** Schleiereule.
4 **faire la bise** (fam.): einen Wangenkuss geben.
7 **les baskets** (m., angl.): Basketballschuhe.
le contrefort: (verstärkende) Hinterkappe (beim Schuh).
8 **fourguer** (pop.): hier: andrehen, unterjubeln.
9 **multiplier:** vermehren, vervielfältigen.
11 **foutre la gerbe** (pop.): ankotzen.
12 **cirer:** hier (pop.): brauchen, Bedarf haben.
18 **carrément** (adv.): offen, gerade heraus.

– Moi? J'm'appelle pas. C'est mes parents qui s'appellent.

Il avait envie d'être adopté, mais ce comment-tu-t'appelles ça lui serrait le bide, il n'avait plus aucun nom.

– Tu t'appelles Charlie, fais pas l'idiot. C'est écrit sur ta fiche en gras. Charlie Sanzor.

– Je ne vois pas où ils sont allés pêcher ce nom-là, je vous jure.

– Écoute, avait dit Mado, c'est très joli Charlie. Tout le monde ici t'appelle Charlie, faut pas nous raconter d'histoires. Nous aussi on t'appellera Charlie, comme tout le monde.

– Et pourquoi pas Porpoleta?

– C'est quoi ça?

– Un papillon.

Ils s'étaient regardés avec leur regard de pâte à modeler, et personne avait insisté. Dès qu'ils comprenaient pas un truc ou qu'ils faisaient semblant, ils avaient les yeux tout mous, ça devenait épais.

La fois suivante ils avaient remis ça dans le style on est des éducateurs, on a de la patience, ils avaient dû parler d'abord à monsieur Valentin.

– Comment tu t'appelles?

– J'm'appelle pas.

– Tu t'appelle Charlie.

Mado lui reboutonna sa chemise au bout d'une minute, l'air distrait, comme on fait un nœud supplémen-

7 **en gras:** fett gedruckt.
17 f. **la pâte à modeler:** Knetmasse.
22 **un éducateur:** Erzieher.
27 **reboutonner:** wieder zuknöpfen.
28 f. **supplémentaire:** zusätzlich, ergänzend.

taire à la ficelle d'un paquet. Elle avait des sourcils à ressorts que Charlie n'osait pas regarder de peur d'attraper les mêmes. Ils allèrent se promener au parc Montsouris. Ils ne se parlaient pas. Au bord du lac elle dit:

– Il va pleuvoir.

– Le ciel est bleu, dit Charlie.

Elle lui posa la main sur l'épaule.

– T'as vu l'oiseau?

– Et alors?

– Un oiseau, il vole bas, c'est signe d'eau. Un chat, il se gratte l'oreille, c'est signe d'eau. Un arbre, tu lui vois l'envers des feuilles, c'est signe d'eau.

Charlie, ça lui avait bien plu cette histoire de signes et d'eau. Lui aussi, il se grattait souvent l'oreille, c'était signe de quoi? De sac à poivre pardi.

Ils revinrent chaque semaine et durant des mois. Charlie finissait par douter. Le sac ne voulait plus s'ouvrir. Mado disait à monsieur Bob en regardant Charlie de haut en bas que tout lui paraissait correct, mais ils lui faisaient la bise et partaient sans lui.

Un jour il demanda:

– Il a foiré ton piston?

– Quel piston Charlie?

Il eut honte et modifia sa question.

– Si je viens avec vous, j'aurai des baskets?

Il ne l'avait pas dit sur un ton capricieux mais pour

2 **le ressort:** Druck-, Schließfeder.
3f. **le parc Montsouris:** Stadtpark in Paris.
16 **pardi** (interj., fam.): gewiss, wirklich!
23 **foirer** (pop.): schief gehen; hier: platzen lassen.
le piston: hier: Vergünstigung, Förderung, Empfehlung.
27 **capricieux, se:** launisch, launenhaft.

arriver chez eux de bonnes chaussures aux pieds. Ils se regardèrent, monsieur Bob et Mado. Elle répondit: pourquoi pas? Faut se renseigner sur le prix. Il ne savait pas encore qu'elle avait le portefeuille en peau d'oursin.

Et la semaine d'après:

– Si je viens c'est quand?

– C'est pas nous qui décidons, Charlie. Ça suit son cours.

Et ça l'a bien suivi jusqu'à l'hiver d'après, tout s'est arrangé, le dossier bloqué débloqué, les démarches couronnées d'espoir alors qu'on n'y croyait plus, Charlie, moins une on laissait tomber, cette fois on tient le bon bout.

Les monos sur ce chapitre ils pouvaient tartiner long comme la mousse à raser un jour de farce-attrape. On aurait dit qu'il n'y avait que ça par monts et par vaux, des dossiers bloqués dans les tiroirs de l'administration. Des gens riches se pliant à des formalités d'adoption vachement tordues, si tordues qu'elles n'aboutissaient jamais à bon port. Les gens restaient riches et malheureux dans leurs caisses à pognon, les orphelins

4f. **avoir le porte-feuille en peau d'oursin:** geizig sein (*un oursin:* Seeigel).
11 **débloquer:** freigeben.
la démarche: Schritt, Maßnahme, Verfahren.
12 **couronner:** krönen.
13 **moins une:** um ein Haar, fast.
15 **tartiner** (pop.): endlos reden.
16 **la mousse à raser:** Rasierschaum.
la farce-attrape: Falle, Schwindel; Fopperei.
20 **vachement** (adv. pop.): sehr, äußerst.
20f. **aboutir à bon port:** im sicheren Hafen landen, sein Ziel erreichen.
22 **la caisse à pognon** (pop.): Geldkassette.

tristes et foireux dans leurs caisses à chagrin, dans leurs petits souliers crevés d'Emmaüs. Si les gens étaient moins riches il y aurait moins d'orphelins sur la terre ou quelque chose comme ça, l'argent ne ferait pas le bonheur des uns. Et t'as bien pire, Charlie, t'as des filières bidons qui sentent le roussi comme la filière italienne installée partout jusqu'à Paris, tu grattes un peu t'as la mafia derrière avec les types à chapeau noir, à couteaux tirés, avec de gros moyens illicites pour stocker des milliers d'orphelins dans des hôpitaux marrons où des médecins marrons prélèvent les organes en pièces détachées. Tu sais pourquoi tout ce mécano? C'est revendu la peau des fesses à des malades condamnés à mort par la science et la peau des fesses ils te la revendent encore plus cher. C'est pas du bol que t'as, Charlie, c'est une patate en diamant dans le bec, des poils de cul en or, le jour où t'oublies ça tu plonges.

Il risque pas d'oublier jamais, sa mémoire est trouée comme à la fourchette, mais elle a beau pisser le sang des fois il arrive à mater par les trous. Les trous c'est

1 **foireux, se** (pop.): ängstlich.
la caisse à chagrin (fam.): Kummerbehausung, Notunterkunft.
2 **le soulier:** Schuh.
Emmaüs: Stiftung, die Kleider und Schuhe von Spendern einsammelt und an Bedürftige weitergibt.
6 **la filière:** Rangordnung.
sentir le roussi: verdächtig sein, riechen.
9 **illicite:** unerlaubt, unlauter, rechtswidrig.
10 **stocker** (angl.): horten, stapeln.
11 **marron, ne** (pop.): falsch, illegal.
prélever: entnehmen.
12 **le mecano** (pop.): Kurzform für *le mécanisme:* Vorgang, Ablauf.
17f. **plonger:** hier: untergehen, verschwinden.

des oubliettes où sa vraie famille est logée dans une planète à part et les uns les autres ils tournent en rond sans trouver Charlie: Charlie! Charlie! mais ils peuvent toujours crier c'est trop loin. Si j'entendais ma mère aurait plus besoin du père aumônier pour être enceinte et d'un papillon pour chasser les anges, mon père irait plus voir ailleurs si le bonheur c'est pas une femme après l'autre, et la famille aurait plein d'enfants entre père et mère au lieu d'aller s'éclater à mort dans les institutions. D'ailleurs faut pas croire tout ce qu'ils racontent, les monos, ils s'en poncent les mains comme Pilate avec Jésus. Résultat le barbu s'est fait lyncher par les skins de l'époque.

Et puis monsieur Valentin s'est pointé dans sa piaule et lui a brossé le tableau de la famille où il allait entrer. Charlie n'écoutait pas, il savait d'avance, il était pris chez les sacs à poivre. Il aurait bientôt la télé couleur dans les chiottes et des illustrés pornos comme s'il en pleuvait. Il disait d'accord à tout, la tête ailleurs. Un milieu modeste, Charlie, des gens pas très fortunés, mais ce sont deux anciens fonctionnaires, une garantie pour nous. D'accord. Il traduisait à l'envers: ses parents nageaient dans les dollars, ils présentaient des garanties hors pair, en plus ils ne la ramenaient pas, si

1 **les oubliettes** (f.): Verlies.
9 **s'éclater à mort** (pop.): hier: zugrunde gehen.
11 **s'en poncer les mains:** seine Hände in Unschuld waschen.
14 **la piaule** (pop.): Zimmer, Bude.
15 **brosser:** flüchtig malen.
20 **fortuné, e:** begütert, wohlhabend.
22 **traduire à l'envers:** ins Gegenteil verkehren.
24 **hors pair:** unerreicht, konkurrenzlos.
la ramener (pop.): dicktun, angeben.

c'est pas beau la modestie! Ils ont un fils majeur dont tu occuperas la chambre après son départ sous les drapeaux. Ne t'inquiète pas, ils ont tout prévu d'ici-là. Madame Bougran; bientôt ta mère adoptive, est une infirmière de grand mérite, elle t'aime beaucoup, je compte sur toi. D'accord, au poil, la classe une infirmière! On se ramasse un maximum de thunes en piquousant les fesses des vieillards. Chez eux, tu soulèves un matelas, c'est plein d'or. Pas mieux qu'une infirmière, elle lui filera des cachets pour dormir, il n'ira plus tomber dans les pommes au cabinet dentaire. Content Charlie? Oui monsieur Valentin.

Le soir il avait la version du mono des dortoirs. L'infirmière, en tant qu'agent de la santé publique, elle avait obtenu du piston pour son dossier. Les rupins pouvaient toujours se brosser, pour le piston, le vrai, celui des petites mains de la fonction publique, les rupins n'ont qu'à pouponner leurs gros sous. C'est plus cool, Charlie, d'être adopté par des gens capables de se serrer la ceinture en faveur d'un gosse d'orphelinat. Fais de beaux rêves, Charlie. Et lui, resté seul en tailleur sur son lit, béat: je ne suis presque plus un orphe-

6 **au poil** (pop.): genau, wie gerufen, prima.
7 **piquouser** (pop.): eine Spritze verpassen.
8 **le vieillard:** Greis, alter Mann.
10 **le cachet:** Tablette.
10f. **tomber dans les pommes** (pop.): ohnmächtig werden.
11 **le cabinet dentaire:** Sprechzimmer beim Zahnarzt.
13 **le dortoir:** Schlafsaal.
15 **le rupin** (pop.): Reicher.
16 **se brosser sur qc** (pop.): sich über etwas hinwegsetzen.
17 **la fonction publique:** öffentliches Amt.
18 **pouponner** (pop.): hätscheln, liebkosen.
22 **béat, e:** ruhig, zufrieden.

lin. Il regarde ses pieds. Vous avez presque des baskets, les gars. Il regarde sa peau: j'étais sûr qu'on blanchirait. Il se couche et s'endort. Bien sûr qu'ils sont pauvres, ses parents, par modestie vis-à-vis des copains. Faut pas les rendre jaloux. Ça fait drôle, à douze ans, d'être un sac à poivre.

Le jour du départ, monsieur Valentin les reçut tous ensemble dans son bureau pour les adieux. Charlie était assis entre monsieur Bob et Mado. Il y avait la psychologue, l'assistante sociale et le prof de gym. Une voix, il ne savait plus laquelle, s'obstinait à répéter ce qu'il savait dur comme fer depuis des années, quel veinard ce Charlie! Il avait un méchant coup de bol avec la société française, dis donc! Une adoption par des richards du corps médical, non mais tu réalises un peu, Charlie? Et un grand frère les premiers mois; une résidence en bordure de la capitale, tu réalises? … Un ménage uni depuis quarante ans, ça t'en bouche un coin, pas vrai? Deux retraités en bon état pour toi seul. Ils pouvaient se la couler douce, les vieux, garder leurs économies, voyager à prix réduits: non, non, Charlie, ils se collent sur leurs vieux os le tintouin d'une adop-

10 **le prof de gym** (pop.): Kurzform für *le professeur de gymnastique:* Turnlehrer.

11 **s'obstiner à faire qc:** sich etwas in den Kopf setzen, hartnäckig auf etwas bestehen.

12f. **le veinard:** Glückspilz.

14f. **le richard** (pop.): reicher Mann, Krösus.

15 **le corps médical:** Sanitätskorps.

18 **en boucher un coin** (pop.): in Erstaunen versetzen, verblüffen.

19 **le retraité:** Rentner, Pensionär.

20 **se la couler douce** (pop.): es sich wohl sein lassen, eine ruhige Kugel schieben.

22 **se coller le tintouin** (pop.): sich Sorgen aufhalsen.

tion. Et pas piquée des vers, l'adoption, Charlie, t'es d'accord. Qui ça? Je te le donne en mille: toi Charlie! À douze ans la queue du Mickey. La voix ne disait rien des nibards de Rita, rien des skins à tête de mort, du groupe Zyklon, des humiliations du lundi soir, de l'express Bordeaux-Paris, rien du frère ennemi.

Il était monté dans la 4 L avec ses parents. Monsieur Bob se retournait pour faire des clins d'œil et Mado lui avait donné un sandwich au chocolat comme à l'institution. Mado causait au volant, Charlie ne se rappelait qu'une chose: son frère ne savait pas qu'il était africain et tout. Ce serait la surprise. De son côté Charlie ne savait pas qu'Éric était skinhead et qu'il dirigeait le groupe anti-métèques de la ville de Néry.

Le nègre et le skin. Oh la fable! Oh la paire de frangins! Vivement qu'on soit à la maison.

Il y eut un bruit sur le palier.

– Maman? souffla Charlie.

Il tâtonna à la recherche de sa lampe de chevet mais elle ne s'alluma pas. Il se raidit, un sale goût dans la

1 **piquer des vers** (m., pop.): minderwertig sein.
2 **le donner en mille** (pop.): die Wahrheit frei heraussagen, ins Schwarze treffen.
3 **la queue du Mickey:** Glückssträhne (bei Karusselfahrten wurde über die Köpfe der Kinder ein Mickey gehängt; wer ihn schnappen konnte, bekam eine Gratisfahrt).
5 **une humiliation:** Demütigung.
8 **faire un clin d'œil:** zwinkern.
16 **vivement** (adv., interj.): schleunigst!
17 **le palier:** Treppenabsatz, Podest.
19 **tâtonner:** (herum)tasten.
la lampe de chevet (m.): Nachttischlampe.
20 **se raidir:** sich stemmen, sich steif machen.

bouche. Le skin a coupé l'électricité. Son grand jeu la nuit. L'épouvanter. Respirer tout près du lit, imiter le souffle d'un intrus qui va peut-être vous éborgner, vous arroser d'immondices ou d'essence et jeter une alouf. Des fois il l'entend venir, il part se réfugier tout petit, sous les robinets entre les compteurs du fond, Éric ose pas s'approcher.

C'est silencieux. Charlie se blottit à l'angle du mur. À la longue il entend les petits bruits du skin qu'il fait en mâchouillant des aloufs.

– T'es là Charlie? dit une voix étouffée. Y a ton odeur, t'es là? T'es pas remonté dans les cocotiers? Ma mère elle attend que ça, Charlie, m'oblige pas à faire le boulot. T'as jusqu'à lundi.

À sec, dit Charlie, à sec, je te démonte la gueule toi et toute ta famille, mais c'est un cri dans sa tête enfoui dans une rage incapable de desserrer les dents.

– Ma mère voulait pas d'un noir à la maison. C'est moi qui voulais. Elle disait qu'elle voulait aussi, mais je la connais. Le nez dessus, maintenant, elle est mal.

2 **épouvanter:** erschrecken, in Angst versetzen.
3 **un, e intrus, e:** Eindringling, ungebetener Gast.
éborgner: ein Auge ausstechen.
4 **les immondices** (f.): Schmutz, Dreck, Unrat, Müll.
5 **une alouf** (pop.): Streichholz.
6 **le robinet:** Wasser-, Gashahn.
le compteur: Zähler.
8 **se blottir:** sich kauern, sich ducken.
9 **à la longue:** mit der Zeit.
10 **machouiller** (pop.): geräuschvoll kauen.
15 **à sec** (pop.): gratis.
démonter la gueule (pop.): verprügeln, die Fresse polieren.
16 **enfouir:** vergraben, verbergen.
17 **desserrer les dents** (f.): den Mund öffnen.

C'est moi qui leur disais: ça mange pas de pain d'essayer. Quand la pétasse est venue pour l'enquête j'y ai dit Madame heureusement qu'il y a des gens pour entraider les merdeux à l'abandon. Mes parents c'est des vieux cons mais c'est des gens comme ça! Y a pas plus humanitaire, vous verrez. Avant de faire des gosses, Madame, commençons par adopter ceux des orphelinats surpeuplés, après on verra. Après il sera toujours temps d'en faire d'autres et si c'est des noirs on avisera. Tu sais pourquoi j'ai dit ça Charlie? C'est initiatique. Oublie pas qu'au groupe on a des épreuves. Tu m'écoutes?

Charlie ne répondit pas. Éric il aimait tout bas parler dans le noir et lui raconter sa vie comme s'il y avait personne, ensuite il se barrait.

– Et tu sais pas, Charlie, on a des nouveaux éléments, au groupe, on s'étend. On a un type avec une petite chienne qu'il a faite en mélangeant des espèces déjà bien mélangées. Éva qu'elle s'appelle.

Charlie reçoit au visage les bouffes d'un souffle aigrelet.

– À lundi, le nègre, on amènera le toutou. Et sois bien à l'heure. Faut pas louper le train.

2 **une enquête:** Untersuchung, Erkundigung, Nachforschung.
3f. **entraider:** helfen, beistehen.
4 **à l'abandon:** verwahrlost.
8 **surpeuplé, e:** übervölkert, überfüllt.
9f. **aviser:** hier: überlegen, nachdenken.
10f. **initiatique:** zur Probe, einführend.
20 **la bouffée:** Hauch, Wolke.
20f. **aigrelet, te:** säuerlich.
22 **le toutou** (pop.): Hündchen.

– N'oublie pas le journal de ton père avant d'aller au collège …

Aucune chance qu'il l'oublie. Charlie prend la pièce de dix francs et file à la librairie *Le Monde et ses publications.* Tant pis pour le survète fluo, pour la frime et pour le fric, il n'en peut plus, il va tout dire à Rita. Il ne regarde même pas la première page du *Parisien*, ce qu'il fait chaque matin pour dénicher avant monsieur Bob un avion bousillé. Il ne voit qu'une chose, Rita n'est pas là. Ni dehors ni dedans. Il fait noir. Les paquets de journaux sont empilés tout ficelés à l'intérieur du magasin. La vieille arrive en ronchonnant qu'elle en a plein le cul.

– Elle est pas là, votre fille?

– Ma fille? J'ai pas de fille, moi.

– Ah bon, c'était pas votre fille? …

– La salope? … Sûrement pas. Elle est partie hier avec la caisse.

Charlie n'entend que: partie avec. Il entend que Rita s'est barrée avec un autre et sûrement pas un noir de récupe, un certain monsieur Lacaisse, un mec bien vu par les démagos et pas gêné pour lui soupeser les nibards en face ou lui câliner les dents, tiens, toujours

6 **la frime** (pop.): Schein.
9 **dénicher:** aufspüren, aufstöbern.
10 **bousiller** (pop.): stark beschädigen.
12 **empiler:** stapeln.
ficeler: verschnüren.
22 **récupe** (pop.): Kurzform für *récupérable:* resozialisierbar.
24 **câliner:** liebkosen, streicheln, hätscheln.

de traviole et super mouillées, jamais il ne retrouvera l'équivalent dans la société française. Il ressort les genoux tremblants. *Le Parisien* tombe sur le trottoir. Ho Charlie, c'est la fin du monde, elle t'a fait le coup du lapin, ta Rita.

Il ne rentra pas au pavillon, il fit un bras d'honneur au lycée quand il y pensa. À quelle heure sont les trains dans ce pays? Il traîna dans les rues un moment avec le besoin d'aller se pendre ailleurs et traversa Néry pour aller sonner chez mademoiselle Irsch en vue de mettre à jour sa conscience. En route il acheta une fleur à la sauvette et la déposa sur le paillasson par timidité. Elle ouvrit comme d'habitude et comme d'habitude elle avait jusqu'aux doigts de pieds sa robe de chambre à lézards chinois.

– Mais qu'est-ce que tu fais là, Charlie? Veux-tu bien aller au collège.

– Mademoiselle Irsch, si je vous pose une question, vous serez vexée?

– Quelle question Charlie?

– Pourquoi je les peins, les petits soldats? Qu'est-ce que ça vous fait qu'ils soient peints? Si c'est juste pour me donner des sous j'y tiens pas.

– Viens t'asseoir Charlie, reste pas dans les courants d'air.

1 **de traviole** (pop.): schief.
4f. **faire le coup du lapin** (fam.): jdn. versetzen, vor jdm. weglaufen.
6 **faire un bras d'honneur** (m.): jdn. beehren.
10f. **en vue de:** um zu.
11 **mettre à jour:** in Ordnung, auf den neuesten Stand bringen.
12 **à la sauvette:** heimlich.
le paillasson: Fußabtreter, Strohmatte.
19 **vexé, e:** verärgert.

Dans la maison ça sentait l'humide et la nuit tombait à cause des rideaux tirés en plein jour. Il s'assit mais il était naze et son cœur lui donnait des coups à n'en plus finir.

– T'es niquedouille, Charlie.

Et mademoiselle Irsch lui dit qu'elle avait dans un tiroir un paquet de lettres à son fils envoyées d'Indochine, un jour elle lui demanderait de les lire à voix haute et il comprendrait pourquoi c'est précieux de ne pas bazarder la mémoire des parents défunts et de conserver leurs petits objets qui n'ont plus l'air de rien chez les brocanteurs.

– Je suis sûr qu'il est content, Charlie.

Il eut honte en se rappelant que depuis plusieurs semaines il peignait les soldats tout en noir avec des yeux blancs, c'était plus rapide et ça lui ressemblait comme deux gouttes d'eau pêchées dans un encrier. Il s'était trouvé fortiche, il avait profité de son aveuglement pour ne rien dire et même du bout des doigts elle n'avait pas vu que les soldats de l'Empire étaient maintenant des nègres et que Napoléon n'était plus qu'un pygmée sur un cheval.

– Qu'est-ce qui ne va pas? C'est chez toi?

Il aurait bien voulu parler du skin et dire aussi qu'il

3 **naze** (pop.): hier: erschöpft.
5 **le niquedouille** (pop.): Trottel, Dummkopf, Schlappschwanz.
10 **bazarder** (pop.): verhökern, verschachern; hier: veruntreuen.
défunt, e: verstorben.
12 **le brocanteur:** Trödler.
17 **un encrier:** Tintenfass.
18 **fortiche** (pop.): gerissen, schlau, raffiniert.
22 **le pygmée:** Pygmäe, Zwerg, Wicht.

avait paumé les nibards de sa fiancée mais il serra les dents comme un rat.

– Tu peux rester si tu veux.

Elle était tout en précaution, mademoiselle Irsch, elle se défendait à ravir pour la mise en confiance des orphelins black, à part qu'elle ne voyait pas qu'ils étaient black, elle avait pas de mérite à lui répéter qu'on est tous à la même enseigne en attendant la fin des haricots. Il but un verre de limonade à l'orange et repartit en motivant qu'il était en retard au lycée.

Dehors il était pas loin de chialer en public, il voyait bien qu'il se dirigeait vers le lycée comme un trouillard, un nègre lèche-cul réciteur de fables et tellement timide qu'il pouvait pas commencer une phrase sans aller jusqu'au point final. Il s'en tape aujourd'hui, c'est la fin du monde et tous les avions vont se péter la gueule, et l'autre naze de Lacaisse ira pas loin avec les nibards volés dans la librairie.

Il arrive au lycée, j'avais mal aux dents. Le surgé note le retard et réclame un certificat, j'te dis que

1 **paumer** (pop.): mit der Hand berühren, betasten, befummeln.
5 **à ravir:** entzückend, bezaubernd.
8 **être à la même enseigne:** in der gleichen Lage sein, das gleiche Schicksal haben.
8f. **la fin des haricots** (m., pop.): das Ende, der Tod.
11 **chialer** (pop.): heulen, weinen, flennen.
12f. **le trouillard** (pop.): Angsthase, Feigling.
13 **le réciteur:** einer, der etwas aufsagt, vorträgt.
15 **se taper** (pop.): leer ausgehen, in die Röhre gucken.
16f. **se peter la gueule** (pop.): kaputtgehen; Bruch machen.
17 **le naze** (pop.): Narr, Tölpel.
19 **le surgé** (pop.): Kurzform für *le surveillant général:* stellvertretender Direktor im Gymnasium.
20 **le certificat:** (ärztliche) Bescheinigung.

j'avais mal aux dents. Il arrive au cours de géo, j'avais mal aux dents. Ça fait marrer tous ces petits cons et le prof lui dit faut te calmer mon garçon, déjà que tu es en retard. Il s'assied au fond de la salle, il écoute rien, c'est la fin du monde, il est par monts et par vaux, demain tout ça n'existera plus comme avant, seulement des nègres et des skinheads bastonnés sur les rails, chacun son tour. Monsieur Valentin: skinhead. Monsieur Bob et Mado: skinheads, les petits cons: skinheads, avec des glocks à la place des stylos, Rita: skinhead, la reine mère du groupe Zyklon.

– Monsieur Bougran baye aux corneilles et va récolter un zéro.

Charlie lève une main somnambulique et dit qu'il n'a pas bien saisi la question, j'ai mal aux dents j'entends rien. Toute la classe se marre et fredonne: «lèche-cul, lèche-cul, lèche-cul ...»

– C'est bien ce que je disais, reprend le professeur d'histoire et géographie. Un zéro pour monsieur Bougran.

11

Le dimanche soir Éric amena sa bande au pavillon. Ils allèrent picoler dans sa chambre en écoutant plein pot leurs symphonies technos. Et sûrement qu'ils regar-

1 **la géo** (pop.): Kurzform für *la géographie.*
12 **bayer aux corneilles** (pop.): gaffen (*la corneille:* Krähe).
14 **somnambulique:** nachtwandlerisch; hier: schläfrig.
16 **fredonner:** trällern, summen.
23 **picoler** (pop.): saufen.
plein pot (pop.): hier: in voller Lautstärke.

daient aussi des films pornos car on entendait sans cesse des filles brutalisées appeler à l'aide au magnétoscope et se faire insulter en échange.

– Plein le cul des musiques nazies, dit monsieur Bob.

– Tout de suite les grands mots, dit Mado. T'y connais rien, c'est la vidéo.

Le magnétoscope Éric l'avait récupéré chez un Arabe qui l'avait forcément piqué chez un Français et ce connard, personne ne savait où il créchait.

À minuit ça gueulait toujours à travers le plafond sur le plumard de Charlie, des jurons, des chansons, des rires de mabouls, des piétinements d'écrase-noix cloutés, des cris qui tuent, tout ça là-haut devait cloper des joints rackettés et s'enfiler des cachets défonçants contre la toux. Charlie vérifiait indéfiniment qu'il y avait toujours de l'électricité dans sa lampe. Il n'osait pas dormir, pas se mettre en pyjama, pas monter aux chiottes. Il se demandait si les Bougran roupillaient, dans ce bordel, et pourquoi Mado ne lui descendait pas à bouffer? Il était sous-alimenté depuis des jours,

2 **brutaliser:** grob behandeln, misshandeln.
2f. **le magnétoscope:** Videorekorder.
8 **forcément** (adv.): notwendigerweise.
9 **crécher** (pop.): wohnen.
10 **gueuler** (pop.): herumschreien, -brüllen.
11 **le juron:** Fluch.
12 **maboul** (pop.): verrückt, übergeschnappt.
13 **cloper** (pop.): rauchen.
14 **racketter** (angl.): erpressen.
s'enfiler (pop.): hier: hinunterschlucken.
défonçant, e: berauschend.
15 **la toux:** Husten.
indéfiniment (adv.): unbegrenzt; fortwährend, dauernd.
18 **roupiller** (pop.): schlafen.
20 **sous-alimenté, e:** unterernährt.

cinglé d'insomnie. L'insomnie, ça mélange tout, la trouille, les couilles, allez viens Rita, je sais que t'es là, pourquoi tu viens pas? Une cavalcade au plafond et le bruit cessa. Une portière claqua dans la rue, des pneus hurlèrent. Ils avaient dû partir saucissonner Mado sur les rails et la moindre des choses était qu'il aille la détacher en main propre, ou qu'il prévienne la police armée du glock. S'il était le premier à signaler sa disparition il aurait demain sa photo sur les journaux du présentoir, il serait la star de Néry. Rita reviendrait illico lui donner ses nibards à lui seul. À son mariage il mettrait un nœud papillon en souvenir de l'ange.

Il pressa le bouton de la poire et s'assoupit lumière allumée.

Quand il rouvre les yeux, c'est la nuit. Ils sont là dans l'ombre, il entend leurs bruits d'écailles frottées comme sur l'échine des monstres extraterrestes, ils soufflent leur odeur de bière et d'after-shave, ils se marrent, écoute voir le nègre, où qu'il est planqué l'animal, montre-toi pédé, le voilà dit Éric, et Charlie reçoit en pleine figure un rayon lumineux qui glisse à terre en balayant les gros souliers des skins.

1 **cingler:** geißeln, heimsuchen, quälen.
une insomnie: Schlaflosigkeit.
3 **la cavalcade:** hier: Getrappel.
5 **saucissonner:** hier: wie eine Wurst zusammenschnüren.
10 **illico** (adv., fam.): sofort, unverzüglich.
13 **s'assoupir:** einschlummern, einnicken.
16 **une écaille:** Schale, Muschel.
frotter: reiben.
17 **une échine:** Rückgrat.
21 **lumineux, se:** leuchtend, srahlend.
22 **balayer:** hier: streifen.

– Cellule de crise, Charlie. Pognon maximal. On a un deal pour toi.

De nouveau la lampe en pleine figure, il essaie d'absorber cet éblouissement pour être aveugle et ne plus voir les yeux des croque-morts tondus grouiller dans l'ombre ni les reflets étalés sur les crânes et sur les dents.

– Tu nous dois cinq mille francs, Charlie. C'est le prix du toutou. La chienne elle est à crédit. Elle est comme toi, la fifille, elle cherche un foyer. Pour cinq mille francs elle te suce à l'œil.

– J'ai rien.

– Cinq mille, Charlie.

Charlie tourna la tête et vit la lune entre les barreaux du soupirail. Une main le saisit à la gorge et le lâcha presque aussitôt cependant qu'Éric engueulait un skin sans visage, celui-ci pressé d'en finir avec le négro.

Il s'imagina qu'Éric prenait sa défense.

– Cinq mille pour demain, Charlie, passage Hirtoff. J'accepte aussi les bijoux et les râteliers bien garnis. Sinon t'as droit au Bordeaux-Paris. Et au toutou.

– J'ai cinq cents francs sur mon livret junior, bafouille Charlie.

1 **la cellule:** Zelle.
4 **un éblouissement:** Blendung.
5 **le croque-mort:** Totengräber.
grouiller: wimmeln.
10 **la fifille** (fam.): kleines, liebes Mädchen.
le foyer: Heimat, Heim.
11 **sucer:** saugen, lutschen.
15 **le soupirail:** Kellerfenster, Kellerlichtschacht.
21 **le râtelier:** Zahnprothese.
23f. **bafouiller:** stammeln.

– Ça fera le pourliche: Personnel! …

Rires gras des skins.

– T'as le cul bordé de caviar, déconne pas. Irsch, elle vit seule. Elle est vieille et bigleuse. Avec tout ça si tu ne ramènes pas cinq mille balles demain, c'est que tu vaux pas plus qu'un Bordeaux-Paris. Et si tu caftes, on la troue, ton aveugle. Et on te fout sa canne blanche dans le cul.

Le jour se levait quand Charlie s'éveilla, un matin clair et frisquet d'avril.

Au petit déjeuner sa mère lui dit qu'il a sa mauvaise tête d'institution, sa tête à manger tout le monde. Elle voit bien qu'il est encore à deux doigts d'accuser son frère et de jouer les orphelins martyrisés. Éric est libre d'inviter ses copains au pavillon, non? II est chez lui, non? Chacun s'amuse à sa manière, non? C'est tout de même pas leur faute si Charlie n'est jamais content.

– J'ai pas bien dormi, c'est tout.

Dans l'embrasure de la porte apparaît Éric en tenue de service en ville, les docs, le bomber, le treillis, le calot de cheveux ras. Les bras croisés, il regarde Charlie, ne le regarde plus, le regarde à nouveau, lui fait des

1 **le pourliche** (pop.): Trinkgeld.
3 **border:** einfassen, säumen.
7 **trouer:** hier (pop.): töten, umlegen.
la canne: hier: Blindenstock.
10 **frisquet, te:** frisch, kühl.
14 **martyriser:** martern, furchtbar quälen, peinigen.
19 **une embrasure:** Türrahmen.
20 **le doc** (pop.): Doc-Marten-Springerstiefel mit Stahleinlage.
le treillis (pop.): hier: Drillichanzug.
20f. **le calot:** Mütze, Käppi; hier: Kugel.

clins d'œil, cinq mille francs passage Hirtoff, n'oublie pas. Il n'y a personne, Éric a quitté la maison depuis longtemps mais Charlie le voit quand même. Ça dépend comment il bat des paupières. La peur fait des mirages. Ils ont du bol les mirages, ils n'existent pas.

– Ma tête c'est rien. Elle est pas si mauvaise. C'est mes mains.

– Qu'est-ce qu'elles ont tes mains?

– Je sais jamais où les mettre.

– Eh bien les mets pas!

Il bâille, il tombe de sommeil. Monsieur Bob est devant la télé comme tous les matins. Le pain a un drôle de goût. Vous avez entendu, le bordel, cette nuit? Il la ferme, il prévoit la réponse de Mado, brodeur, cochon geignard, j'appelle monsieur Valentin. C'est la goutte d'eau, Charlie. Elle a changé Mado. Comme elle frimait avec son piston d'infirmière, à l'institution! Bien la peine. Il y retournera pas, juré. À l'essai, peut-être, mais elle avait dit que c'était pure formalité pour les humeurs de tous en communauté. C'est pas légal cette histoire de renvoi. Quand on adopte on divorce pas. C'est pas satisfait ou remboursé. C'est pas le système à Damoclès qui vous démonte la gueule au premier pet défectueux. La comédie du renvoi l'angoisse autant

5 **le mirage:** Luftspiegelung; Trugbild, Wahnvorstellung.
15 **geignard, e:** quengelig, herumheulend, jammernd.
20 **en communauté** (f.): gemeinsam (*la communauté:* Gemeinschaft).
21 **le renvoi:** Rücksendung; Zurückschicken.
22f. **le système à Damoclès:** hier: drohende Gefahr.
23 **démonter la gueule** (pop.): hier: aus der Fassung bringen, die Courage abkaufen.
24 **défectueux, se:** mangelhaft; missraten.
angoisser: ängstigen, peinigen, quälen.

que le renvoi lui-même. Il n'y croit pas, mais avec ces bonnes femmes à grosse voix d'homme on sait jamais. Elle serait foutue de le traîner jusqu'à l'escalier d'honneur de l'institution pour qu'il aille encore plus loin dans sa mauvaise tête, là où quand t'y es tu reviens plus qu'en broutant les cafards.

– On est lundi maman.

– Et alors?

– Tu sais bien.

Elle ne répond pas. Elle boit son café au bout de la table, à petites gorgées, l'air d'une étrangère au bistrot. Elle a ses tics à ressorts dans les sourcils, l'œil barbouillé. Ça se voit qu'elle a pas dormi comme le petit Jésus en culotte de velours après avoir avalé son bol sédatif de gratte-cul. Elle s'est bouffé les sangs toute la nuit. J'y vais j'y vais pas. Elle est pas descendue voir à la cave. La tête sous l'oreiller, ça va déjà mieux. Elle s'en fout qu'on soit lundi.

Cinq mille francs. Et si la fin du monde est en retard? Si Rita ne revient pas? Si le Bordeaux-Paris lui roule dessus? Si demain c'est lui, Charlie, l'avion ravagé pour monsieur Bob?

Le soir, chez mademoiselle Irsch, il n'a pas soif pour le verre de château-la-pompe au sirop d'orange. Il ne

6 **brouter le cafard** (pop.): in eine düstere Stimmung verfallen.
11 **la gorgée:** Schluck.
12 f. **barbouiller** (fam.): hier: verkleben.
14 f. **le bol sédatif:** Schale mit Beruhigungstee.
15 **le gratte-cul:** Hagebutte.
se bouffer les sangs (m., pop.): schwere Sorgen haben, weder ein noch aus wissen.
21 f. **ravager:** zerstören, zugrunde richten.
24 **le château-la-pompe** (pop.): Leitungswasser.

relave pas le verre en douce au cas où elle aurait bu dans son dos sans lui dire. Il répond qu'il a mal au bide et qu'il a déjà bu. Il ne peut tout de même pas mourir de soif à la même heure tous les lundis? Il s'assied à la table où les petits bonshommes n'ont pas bougé depuis la dernière fois. Mademoiselle Irsch lui touche la main et sourit. C'est drôle, cette longue main d'ivoire posée sur la sienne. La peau de mademoiselle Irsch on dirait les pétales des vieilles fleurs, quand elles saignent on s'en rend pas compte. Il refuse aussi le carré de chocolat blanc. La première fois il avait pensé qu'elle se moquait elle aussi. Mais tous les lundis elle recommençait. Ça plaisante pas la gourmandise d'une vieille demoiselle aveugle. Une accro du chocolat blanc. Dans le tiroir de la commode il y avait plusieurs tablettes avec sur l'emballage un ours blanc debout dans la neige. Canne blanche et chocolat blanc. Et Charlie comme ça pouvait en raconter une bien bonne, au pavillon, une histoire à faire marrer le skin et toute la famille, au dîner, quelle rigolade un noir qui mange du chocolat blanc chez une aveugle. Il se laissait vanner de bon cœur, il était l'attraction du dîner, elle est raciste ou quoi ton aveugle, disait Éric.

Et plus tard, en tête à tête au sous-sol: faut la taxer, la vieille. Y a bien des bijoux qui traînent. Sois pas con, Charlie.

7 **un ivoire:** Elfenbein.
13 **la gourmandise:** Gefräßigkeit, Naschhaftigkeit.
14 **un, e accro** (pop.): Kurzform für *un, e accroché, e:* Leckermaul.
16 **un emballage:** Verpackung.
20 **la rigolade** (pop.): Scherz, Spaß, Ulk.
21 **vanner:** hier (pop.): anpflaumen, hänseln.
24 **taxer:** (ab)schätzen, (be)werten, taxieren.

Il n'est pas d'humeur à peindre les soldats. Le pinceau dérape, il en met partout, sur le feutre vert, sur sa chemise, il tremble. Il sent bien que mademoiselle Irsch, avec ses yeux morts, voit tout. C'est du travail salopé mais elle ne fait aucun reproche. Elle lit un bouquin du bout des doigts sur le fauteuil et sa respiration chantonne. Qu'est-ce qui est mieux? Une aveugle de quatre-vingts balais ou des faux sacs en peau d'oursin?

– Mademoiselle Irsch, vous n'auriez pas cinq mille francs?

Il ne pensait pas enclencher un tel mécanisme en posant la question, d'ailleurs il ne pensait pas la poser. Mademoiselle Irsch a regardé Charlie presque en vrai, c'était mobile et vivant sous les paupières cousues comme à travers un abat-jour. Elle s'est mise à parler en argent d'avant la guerre et c'était pas grave après tout qu'une vieille demoiselle un peu zinzin s'embrouille les crayons et tâtonne à colin-maillard pour essayer de pas dire des conneries.

– Cinq mille francs, Charlie.

– Cinq mille oui.

– Un an d'abonnement aux concerts Pasdeloup du

1f. **le pinceau:** Pinsel.
2 **déraper:** (ab)rutschen.
5 **saloper** (pop.): (hin)pfuschen.
5f. **le bouquin** (fam.): Buch, Schmöker.
7 **chantonner:** vor sich hin singen; summen.
8 **le balai** (pop.): Jahr.
11 **enclencher:** einschalten; auslösen.
17 **zinzin** (pop.): verrückt.
17f. **s'embrouiller les crayons** (pop.): den Faden verlieren, aus dem Konzept kommen.
18 **à colin-maillard:** Blindekuh.

dimanche soir. Moi je te parle de ça, c'était … C'était quand?

On s'en branle! Il n'était pas un vieil aveugle d'avant guerre à même de comprendre les monnaies périmées.

– Il me les faut, mademoiselle Irsch. Il me les faut tout de suite.

– Cinq mille francs.

Et lui ça l'a gonflé son gâtouillis d'aveugle.

– Cinq mille francs, oui! Cinq cent mille si vous préférez, c'est plus l'an quarante!

Quand elle a compris tous les zéros dont il s'agissait, il n'avait jamais vu quelqu'un d'aussi pâle.

– C'est une somme énorme, Charlie.

C'est ce qu'elle a dit, puis elle a laissé partir son bouquin sur le plancher.

Alors il a brodé d'urgence un mensonge inouï tombé du ciel, une salade à se taper sur les cuisses en temps normal.

– Mademoiselle Irsch …

Il lui fallait cinq mille francs pour payer à sa mère un appareil à redresser les dents tordues, sinon c'était maladif elles allaient pousser dans tous les sens et peut-être la tuer. Sa mère, elle n'avait pas les moyens

3 **s'en branler** (pop.): gleichgültig sein.
5 **périmé, e:** verfallen, ungültig.
9 **gonfler:** aufblähen, anschwellen.
le gâtouillis: einfältiges Gestammel, Gefasel (Kontamination aus *gâteux* und *patouillis*).
18 **la salade** (pop.): Durcheinander; Gequatsche.
22 **redresser:** wieder richten.
23 **maladif, ve:** krankhaft.

d'avancer un aussi gros honoraire à la Sécurité sociale et celle-ci ne remboursait plus que trente pour cent depuis le déficit engendré par les abus des prestataires, les métèques arrivés en France avec plein de femmes et des enfants en veux-tu en voilà.

– Qu'est-ce que tu racontes! Charlie.

– Je vous jure, mademoiselle Irsch.

Le dentiste, il acceptait les râteliers d'occase avec les dents en or bien garnies pour couvrir les frais.

Et voilà.

Un mensonge, normalement, tout bien brodé qu'il soit, tout bien garni, ça reste un mensonge et ça foire en beauté. Les gens vont en prison, ceux qui brodent et ceux qui disent la vérité avec une gueule à broder. Eh bien là ça n'a pas foiré. Mademoiselle Irsch a fait une drôle de figure à part dans sa planète aveugle et sa tête a bien failli se décoller et lui tomber sur les genoux, tellement elle avait de plis roses en accordéon sous le menton. Elle a murmuré d'une voix qui n'allait pas fort:

– Je vais te faire un chèque, Charlie. Je suppose que tu ne connais pas le nom du dentiste et que je dois laisser l'ordre en blanc.

1 **avancer:** hier: vorlegen, vorschießen.
un honoraire: Honorar.
la Sécurité sociale: Sozialversicherung.
3 **engendrer:** erzeugen, verursachen.
le prestataire: Beihilfeempfänger, Empfänger einer Versicherungsleistung.
5 **en veux-tu en voilà** (pop.): in unbegrenzter Menge.
8 **d'occase:** aus zweiter Hand, gebraucht.
17 **se décoller:** sich ablösen, trennen.
23 **un ordre en blanc:** unausgefüllter Scheck, Bankanweisung.

Et lui:

– Le nom c'est monsieur Valentin. Valentin Poulet, comme un poulet.

Et elle: va pour monsieur Poulet, Charlie.

Il a rédigé le chèque, elle a signé.

– Et n'oublie pas ton enveloppe, Charlie.

Dans la rue, il s'est dit qu'un chèque à l'ordre de monsieur Poulet ne fera pas grand usage au groupe Zyklon soucieux d'acquérir un chien d'attaque et du matériel nazi. Il retourna glisser le chèque dans la boîte de mademoiselle Irsch. Et aussi les vingt francs pour s'excuser.

Il n'a plus rien pour payer son Bordeaux-Paris ni son chien.

La grille du passage Hirtoff est entrouverte. Il aperçoit l'autre grille à l'extrémité. Entre les deux le trottoir luisant de lune. Le bar du rital a ses lumières tamisées du soir, silencieux comme une chaumière au fond des bois pour les enfants perdus. Le néon du poteau grésille au milieu du passage. Il y va, le rap aux lèvres, il scande à mi-voix la trouille qui lui crève la peau: «Vas-y Charlie, le monde est fini, la fille est partie, p't-être bien que t'es cuit, Charlie, t'es mort pour la vie ...» Le plus dur, maintenant, le bar du rital. Sous le rideau de fer à moitié baissé la vitrine est éclairée. Il n'arrive pas à courir, la trouille commence à tout

5 **rédiger:** ausfüllen.
9 **le chien d'attaque** (f.): Kampfhund.
17 f. **tamiser:** dämpfen, abschwächen.
18 **la chaumière:** Strohhütte.
20 **grésiller:** knistern.
21 **scander:** skandieren, im Rhythmus sprechen, aufsagen.
23 **cuit, e** (pop.): erledigt, verloren.

déboulonner dans sa poitrine et dans ses yeux. T'ES MORT POUR LA VIE, CHARLIE! Il ne peut plus faire un pas.

Quittant l'ombre de la façade en ruine et se glissant dans l'ombre du réverbère, vient au devant de lui Mado qui le regarde en hochant la tête. Il se jette à son cou, Mado laisse Charlie pleurer contre elle.

– Cochon menteur, dit-elle avec sévérité. Ils sont où tes méchants voyous? Oh le cochon!

– J'te jure, maman, j'te jure, dit Charlie qui pleure de plus belle.

Et Mado n'en revient pas de s'être fait rouler comme un bleu par un brodeur, pourtant elle a le nez creux. Monsieur Bob a gagné son pari. Une casquette neuve. Tant pis et tant mieux. Garanti sur facture, d'après lui, qu'il n'y avait pas plus d'agression passage Hirtoff que de beurre à la cambuse. Une chance qu'elle n'ait rien dit à Éric, on était jolis! Tu t'imagines, impulsif comme il est? … L'express Bordeaux-Paris! Cochon menteur!!! Ah t'es pas béni, toi! … Et les mots cheminaient dans sa voix, mécaniques, indifférents comme des fourmis, et ses talons résonnaient durement dans le silence du passage Hirtoff.

– Pour fêter ça je t'emmène au Conservatoire des

1 **déboulonner:** lösen, losmachen, niederreißen.
5 **le réverbère:** Straßenlaterne.
12 **ne pas en revenir de qc:** etwas nicht fassen können, sich nicht genug über etwas wundern können.
12f. **se faire rouler comme un bleu** (pop.): sich reinlegen lassen wie ein Anfänger, sich übers Ohr hauen lassen wie ein Anfänger.
13f. **avoir le nez creux** (pop.): einen Riecher haben.
17 **la cambuse** (fam.): Winkelkneipe, Kaschemme.
21 **cheminer:** hier: aufeinander folgen.

Arts et Métiers mercredi prochain. T'es content? On mangera une pizza chez l'Italien.

Cette nuit-là Charlie dormit comme une brute et le fantôme d'Éric ne troubla pas son sommeil. Il rêva d'un couple de marsouins fugueurs au large du monde, ils jouaient et bondissaient. Ils avaient la peau brillante et bleue, brillante et rose, ils étaient doux comme les nibards qu'il n'attraperait jamais dans ses mains.

12

Mais le lendemain vit bel et bien la fin du monde. Éric se pointa sur les coups de midi et demi au pavillon, habillé non pas en skin mais comme tous les magasiniers du monde en civil. Sans épaulettes et sans rembourrage il était plutôt minus, la terreur. Un pitoyable roquet repêché dans une mare, honteux d'exhiber une cage d'os guère plus volumineuse qu'un panier à œufs. Il s'assit à la cuisine en face de Charlie. Du jamais vu. Charlie en oublia d'attaquer ses grillados. Mado survint et par la fenêtre appela monsieur Bob dans la

5 **le marsouin:** Tümmler.
le fugueur: Ausreißer.
11 **se pointer** (pop.): sich begeben; hier: aufkreuzen.
13 **une épaulette:** Schulterstück.
13f. **le rembourrage:** Polster, Ausstopfung.
14 **minus** (pop.): trottelig.
15 **la mare:** Tümpel.
exhiber: zur Schau stellen.
15f. **la cage d'os** (m.): Knochengerüst.
16 **volumineux, se:** umfangreich; ansehnlich, ausladend.

cour. Le pompier rappliqua sa muselière à boules au poignet. Ce fut lui qui posa la question:

– Ben qu'est-ce que tu fous là, mon grand?

– J'en sais rien, papa.

Dans un éclair Charlie comprit qu'il avait rien compris, le vrai fils Bougran c'était le skin, un morceau de famille à lui seul, détaché de monsieur Bob et Mado comme un morceau de pain capable à tout moment de regagner son pain d'origine et d'être au chaud dans la mie. Lui n'était plus le fils de personne et son pain noir d'origine il pouvait faire une croix dessus.

– Et toi mange, elle a dit Mado.

Mais lui son cœur battait dans sa gorge, il avait envie de gerber. À l'essai, pas à l'essai, béni, pas béni, mon cul!

Ils se sont expliqués devant lui comme ils l'auraient fait devant un grillados et Mado répétait: si tu manges pas c'est pour Éric. T'as mangé mon grand?

– Ça va les grillados! Fais-moi un casse-dale maman.

L'explication s'est mise à durer galère et Charlie n'osait pas sortir. Mado poussait des soupirs qui lui vidaient chaque fois tout l'air des poumons, vraiment pas des poumons d'enfant de chœur, aussi balèzes que

1 **rappliquer:** wieder anhängen; hier: wieder an sich nehmen.
la muselière à boules (f.): Behälter für Boulekugeln (*la muselière:* Maulkorb).
10 **la mie:** Brotkrume, das weiche Innere des Brotes.
11 **faire la croix sur qc** (pop.): auf eine Forderung verzichten; etwas in den Rauch schreiben.
14 **gerber** (pop.): kotzen.
19 **le casse-dale** (pop.): Imbiss.
20 **durer galère** (pop.): lang dauern und heikel sein.
23 **balèze** (pop.): groß und stark.

les méduses géantes étalées l'autre jour sur les fougères en plastique du poissonnier.

– Tous ils m'ont vu, tous, pleurnichait le skin.

La police était venue l'arrêter la veille au Franprix, une police appartenant au gratin des bleus, mieux habillée, plus distinguée disait Mado: la gendarmerie. On aurait pu penser qu'un chef de groupe sécuritaire était à l'abri des bavures et jouissait des fleurs qu'il fallait auprès des poulets, mais ils ont commis l'erreur judiciaire de l'embarquer menottes aux poignets devant les autres magasiniers, devant la nettoyeuse de camions, le directeur du magasin, l'Arabe du parking et la clientèle attroupée, tous les connards de Néry. Monsieur Éric Bougran? C'est moi. Résidence 12, allée Clamamus à Néry? C'est moi. Né le 3 avril 1975? Ouais. Ouais. Tout était lui. C'était lui qui posait des lapins aux examinateurs de l'armée française, trois lapins en trois mois. C'était lui qu'ils avaient mission d'amener au fort de Vincennes en vue du conseil de révision. Enfin c'était lui qu'on flanquerait sur la paille aussitôt

1 **la méduse géante:** Riesenqualle.
1f. **la fougère:** Farnkraut.
2 **le poissonnier:** Fischhändler.
3 **pleurnicher** (fam.): flennen, weinerlich tun.
5 **le gratin des bleus** (pop.): ranghohe Polizisten.
8 **la bavure** (pop.): Fehler.
la fleur (fam.): hier: Vergünstigung.
9 **le poulet** (pop.): Polizist in Zivil.
9f. **une erreur judiciaire:** Justizirrtum.
10 **embarquer** (fam.): verhaften, einbuchten.
13 **attrouper:** zusammenlaufen, sich zusammenrotten.
16 **poser un lapin à qn** (pop.): einer Vorladung nicht nachkommen.
19 **le conseil de révision** ((f.): Musterungsausschuss.
20 **flanquer sur la paille** (pop.): an den Bettelstab bringen.

qu'il aurait sa feuille de route et son paquetage, avec le grade d'insoumis.

– Ça rigole pas, les bleus, a dit monsieur Bob. Et pourquoi t'es jamais allé aux convocations?

– Ben oui pourquoi? a dit Mado.

– Y a pas marqué pigeon.

– Quand même, a dit monsieur Bob. Et après?

Après Éric a mangé les deux crèmes au caramel de Charlie que Charlie dévore d'habitude à une vitesse d'escargot pour que ça finisse jamais. Mais là c'était pas l'estomac qu'il avait dans les talons, il avait les yeux pleins d'éclairs et ça brûlait partout. Si les skins ne l'avaient pas attaqué la veille au soir c'est que leur chef était au conseil de révision comme insoumis. Si Mado l'attendait passage Hirtoff c'est qu'elle était au courant. Elle commençait à avoir les foies qui grenouillaient rapport à sa réputation d'infirmière en or, patronne des vieillards autorisés à la sonner de jour comme de nuit pour clamper leurs tuyaux quand la vessie débordait. Et tout ça résonnait dans la poitrine de Charlie, tout ça le mettait en cage avec les éclairs et le menaçait pire que la fin du monde.

1 **la feuille de route:** Marschbefehl.
le paquetage: Ausrüstung, Marschgepäck.
1 f. **un insoumis:** Aufsässiger, Wehrdienstverweigerer.
4 **la convocation:** hier: Einberufung.
11 **avoir l'estomac** (m.) **aux talons** (fam.): einen Riesenhunger haben.
16 **avoir les foies** (m., fam.): Bammel, Angst haben.
16 f. **grenouiller** (pop.): hier: (be)drohen.
19 **clamper:** hier: in Ordnung bringen, richten.
le tuyau: hier: Katheter.
20 **la vessie:** Blase.
déborder: überlaufen.
21 **mettre en cage** (f.): hier: in höchste Erregung versetzen.

Au bout d'une explication que monsieur Bob arrachait du skin en lui tirant les vers du nez, et après! et après! le skin a tordu sa petite bouche auréolée de caramel et d'un coup de langue il a tout récupéré.

– Et après?

Après le skin pleurait sur les manches de son blouson, il pleurait sous les yeux du nègre, la honte, et c'est d'une voix de fille humiliée qu'il a murmuré:

– Je suis réformé.

C'était la fin du monde et Charlie s'en aperçut jusqu'au soir, il suffisait d'écouter aux murs où l'on entendait Mado radoter qu'elle s'en doutait, mon grand, ça fait des mois, t'es trop fier pour pas commander, je sais bien va, tu t'es fait tout seul à Néry, t'es la fierté de la ville, tu te vois chez les troufions avec la racaille, après tout ce chemin parcouru? Commando je dis pas. T'es vexé parce que t'es réformé, ça veut rien dire insuffisant respiratoire, tu me les présenteras les suffisants, je vais te dire mon grand, c'est politique, ça leur fait peur les gars comme toi, t'as trop d'autorité sur les jeunes, et comme ça tu restes à la maison.

Charlie savait qu'ils allaient venir le voir et ils sont venus. Il était couché depuis longtemps. Il avait mis

2 **tirer les vers du nez à qn:** jdm. etwas aus der Nase ziehen, jdn. zum Sprechen bringen.
3 **auréoler:** hier: kreisförmig verschmieren.
4 **récupérer:** hier: hinunterschlucken.
9 **réformé, e:** dienstuntauglich.
12 **radoter** (fam.): faseln, quasseln.
15 **le troufion** (pop.): Soldat, Landser.
la racaille: Gesindel, Pack, Auswurf (der Gesellschaft).
18 **respiratoire:** Atem-, Atmungs-.

le manche à balai contre la porte. Ils ont dû forcer. Malaise. Bonsoir Charlie.

Mado s'assit sur le tabouret, monsieur Bob sur le lit. Il avait ses lunettes pour voir de près. Il faisait obscur dans leurs yeux, le même regard fuyant. Comme s'ils l'avaient partagé avant d'entrer, fifty-fifty. Deux voleurs à la vie à la mort.

– Y a pas d'air chez toi, dit Mado.

La chance allait tourner à l'envers, tout défaire, enlever les dessins des murs, déclouer la frisette à la résine, faire le plein d'essence et revenir en 4 L à l'institution, là où l'heure avait pas changé d'histoire depuis la première ou la dernière fois. Le passé l'attendait sans crier.

– On t'avait prévenu, Charlie.

– De quoi?

Le regard de Mado glissait dans les yeux de monsieur Bob, revenait dans les siens, repartait, comme le néon vert sur les croix des pharmacies.

– On espérait que ça collerait. Tu brodes, Charlie, tu brodes. Et jusqu'où tu vas broder comme ça? On a assez de pépins.

– Qu'est-ce que j'ai fait?

– À l'institution ils sont équipés. C'est des professionnels. Nous, on est vieux. Ne dis pas qu'on ne t'a pas prévenu. Y avait pas d'obligation.

Le regard de Mado s'élargissait, s'amenuisait, palpi-

1 **le manche à balai** (m.): Besenstiel.
10 **déclouer:** abmachen, entfernen.
22 **le pépin** (fam.): Schwierigkeit, Problem.
27 **s'amenuiser:** sich verringern, sich verengen.
27 f. **palpiter:** zucken, zittern; aufleuchten, aufblitzen.

tait comme le néon. Monsieur Bob vérifiait les ressorts du lit.

– Monsieur Valentin n'est pas d'accord, dit Charlie. D'ailleurs c'est pas légal.

– Avec ça qu'il n'est pas d'accord! Légal? C'est lui qui vient te chercher après-demain.

Elle remuait les sourcils. Elle faisait bouger son regard dans les yeux du pompier qui ne savait plus comment s'en débarrasser.

– Après le coup d'hier soir, tu comprends ... Monsieur Bob n'a plus confiance et moi non plus.

– Quel coup d'hier soir?

– Ne fais pas l'idiot. Avec Éric ça colle pas, vous deux.

Il avait du mal, il avait les mots bouffés par la timidité, il trouvait que de l'air chaud dans sa bouche.

– Et pourquoi ça colle pas?

– Ça colle pas toujours, t'es pas le seul. Éric ça collait pas à l'armée, t'as bien vu. Moi ça m'arrive aussi. Monsieur Bob c'est aut'chose.

– Vous avez pas le droit de me couper mon année scolaire.

Mado regarda monsieur Bob une dernière fois.

– C'est pour ton bien, Charlie. Qu'est-ce que tu veux, mon grand ....

– Je sais! j'suis pas béni.

C'est pas plus con que ça la fin du monde.

9 **se débarrasser de qc:** sich etwas vom Halse schaffen.
15 f. **la timidité:** Schüchternheit, Zaghaftigkeit.

Et ouais! C'est carrément superflu d'y voir clair quand les autres ont décidé qu'ils te remettraient ta boue dans les yeux jusqu'à ce que t'apprennes à les fermer, comme mademoiselle Irsch. Pour ton bien, Charlie. Pour arrêter les frais, fiston. Pour étancher le déficit à tous les niveaux, du con! Le déficit, Charlie, les frais, ton bien. Les choses n'ont fait qu'aller au plus mal depuis ton arrivée, pas vrai? Y a qu'au lycée qu'ils t'apprécient. Des lycées y en a pas qu'à Néry. C'est le moment où jamais de limiter les dégâts. La vie, c'est pas qu'un déficit, Charlie, surtout quand on est jeune et bien encadré par des monos spécialisés. Chacun son métier. Ton bien, Charlie, ton bien. Y aurait pas une formule avec essai si ça marchait à tous les coups. Eux, monsieur Bob et Mado, ils restent seuls, c'est la fatalité, la loi, le bout du rouleau. Eux, c'est des retraités en cours de vieillesse, ils comptent pour du vieux beurre et faut pas toujours penser qu'à soi, Charlie. Ton bien, fiston, allez …

D'Éric, pas un mot. Top secret, le fils du sang.

Réformé, le skin ne veut plus quitter la maison ni papa maman. Il refait son trou chez lui. Il ne servira pas sous les drapeaux français, il ne suivra pas le stage

6 **étancher:** hier: abbauen, beseitigen.
11 **le dégât:** Schaden.
13 **encadrer:** hier: betreuen.
17 **le bout du rouleau** (fam.): Ende der Kraft.
18 **compter pour du vieux beurre** (fam.): nutzlos, eine Belastung sein.
23 **refaire son trou** (fam.): wieder erfolgreich sein.
24 **le stage:** Ausbildungszeit, Lehrgang.

de baroudeur à Châlons, il ne rempilera pas dans les commandos de chasse, godasses et matraque astiquées, luisant de partout. Mais chef du groupe sécuritaire il continuera d'aller au pas cadencé dans les rues, sus aux manifestants, aux démagos, aux mal blanchis. Il défoncera pour le bien public les crânes de ces salopards avant qu'ils ne s'égaillent émigrants chez nous, les poux! les rats! Bien haut la matraque! Plus haut! Rabattez sec, les gars! avec tout le poids du corps. À fond dans les couilles, le genou.

Réformé, vexé, choqué, le skin veut changer sa vie. Le voilà sur le point de réformer à son tour divers projets bancals, notamment son mariage avec la nympho du portique à brosses, une saleté d'arriviste. Elle ne réclamait pas la moitié du Pérou, la Jacquotte, un chromo pour midinette de bordel, palmiers à gogo, larbins

1 **le baroudeur** (pop.): Raufbold, kriegslüsterner Rekrut.
rempiler (pop.): freiwillig länger dienen (als Soldat).
2 **la godasse** (pop.): (Quadrat-)Latschen, Stiefel.
la matraque: Gummiknüppel.
4 **sus!** (interj.): los!, drauf!
5 **le mal blanchi** (fam.): Neger, Farbiger.
5f. **défoncer:** einschlagen.
6 **le salopard** (pop.): Dreckschwein, Saukerl.
7 **s'égailler:** hier: untertauchen.
8f. **rabattre:** niederschlagen.
9 **sec** (pop.): hier: gefühllos, barsch, heftig.
13 **bancal, e:** krummbeinig, wacklig.
notamment (adv.): besonders, insbesondere.
14 **un arriviste:** Streber, Emporkömmling.
14f. **réclamer le Pérou:** ein großes Vermögen verlangen.
15f. **le chromo:** schlechtes Farbbild, Kopie.
16 **la midinette:** hier: leichtes Mädchen.
le palmier: Palme.
à gogo (fam.): in Hülle und Fülle, massenhaft, nach Herzenslust.
le larbin (pop.): hier: Kriecher.

mielleux, doigts de pied en éventail au bord de l'oasis, et chaque soir le coup de bec fumant du guerrier qui t'en met plein la peau, salope! à fond. Après les manifestants, la salope. Un coup en arrière, un autre en avant, et ran! plus fort. Bien en mains, les miches. Avec tout le poids du corps. Sur une fesse de Jacquotte c'est tatoué: E comme Erik. Sur l'autre: S comme SS, comme Svastika. Au-dessus des poils du grouf: Z comme Zyklon, les gaz, hé hé. La virer avant qu'elle ne l'ait viré, couille molle déclassée, réformé, sous-homme, sous-rat.

Et Charlie pareil, solution finale. C'est pas vraiment pour son bien qu'il veut l'éliminer, mais pour conserver au groupe Zyklon sa légitimité, sa force, en écartant le sous-témoin des malheurs de son chef. Le nègre sait tout. C'est noir et ça cause. Le nègre l'a vu perdre la face et pleurer. Et si jamais ça le reprend.

1 **mielleux, se:** hier: scheinheilig, heuchlerisch.
en éventail (m.): fächerförmig.
2 **le coup de bec** (m., fam.): Schnabelhieb; ungestümer Kuss.
3 **en mettre plein la peau à qn** (vulg.): jdn. brutal sexuell befriedigen, total fertigmachen.
5 **ran!** (interj., pop.): los!, ab geht die Post!
la miche (pop.): Gesäßbacke.
7 **tatouer:** tätowieren.
8 **le svastika:** Hakenkreuz.
le grouf (pop.): Schamberg, Venushügel.
9 **virer:** hier: entlassen, rausschmeißen.
10 **la couille molle** (vulg.): kraftloser Versager, Schlappschwanz.
déclassé, e: ausgestoßen, (gesellschaftlich) gesunken.
le sous-homme (pop.): Untermensch.
11 **le sous-rat** (pop.): minderwertige Ratte.
13 **éliminer:** ausmerzen, ausschalten, beseitigen.
14 **la légitimité:** Rechtmäßigkeit.
15 **le sous-témoin:** Nebenzeuge, zweitrangiger Zeuge.

À l'aube Charlie courait à la librairie. Le givre blanchissait la rue. La vieille était dehors en chaussons, garnissant les présentoirs, une plume de buée sur la bouche. Pas de nouvelles de la caisse volée, pas de nouvelles de la voleuse.

– D'ailleurs qu'est-ce que tu lui veux, à Marlène? C'est pas des fréquentations pour toi.

Voilà qu'elle s'appelle Marlène à présent.

– C'est pas Rita son nom?

– Rita c'est la revue porno. La fille c'est Marlène. Sept cents qu'elle m'a piqué. Je m'en remets pas.

C'est tout simple. Il va chez mademoiselle Irsch, il reprend le chèque de monsieur Poulet, il rembourse la vieille libraire et Marlène est à lui.

C'est dur la simplicité. C'est lui qui n'est pas simple. La preuve, il ne va pas chez mademoiselle Irsch.

À la Caisse d'épargne ils refusèrent de lui donner son argent parce qu'il était mineur. C'est à moi les cinq cents francs. Oui mais vous n'avez pas la signature. Il les traita de voleurs, société pourrie, démagos, il serra les poings, sa voix s'emberlificotait, votre écureuil de merde, oui, de merde! Arrêtez de me regarder. Pourquoi c'est jamais un nègre sur les billets? On n'est pas des Français.

2 **le givre:** (Rau-)Reif.
3 **le chausson:** Filz-, Hausschuh.
4 **une plume de buée** (f.): Dunstschleier.
8 **la fréquentation:** häufiger Besuch; hier: Umgang.
12 **se remettre de qc:** sich wieder fassen, beruhigen.
14 **rembourser:** zurückzahlen, zurückerstatten.
18 **la caisse d'épargne** (f.): Sparkasse.
22 **s'emberlificoter** (fam.): sich verheddern.

Il traversa Néry-Village, il traversa Néry-le-Neuf jusqu'au Malibu-vidéos. Il avait quarante francs: il extermina pour quarante francs de mutants négatifs aux commandes d'un engin spatial. Il sortit de la ville et marcha sur la nationale, au bout c'était l'autoroute. Il regarda passer les cent mille voitures de la circulation vers le sud et vers le nord. Et toutes les cent mille voitures, un camion débordait sur la voie qui part en biais, remontant vers Néry. Il faisait du stop en vain, les camions vers le sud ne s'arrêtaient pas, les chauffeurs soulevaient leurs mains du volant, bonjour Charlie. Il n'est pas le premier à vouloir se tirer sans un rond, à vouloir embarquer dans un camion, sur un bateau, à chercher le soleil où il est, là-bas, ailleurs, c'est pas seulement un souvenir, le noir se fait pas tout seul sur la peau, il faut quelques bons coups de soleil et raz de marée, que les siècles soient déjà passés plusieurs fois. La nuit tomba. Il était toujours assis sur la borne du kilométrage 27, les oreilles cassées de bruit, les yeux éblouis par les phares. Il était temps d'aller se livrer au groupe Zyklon comme prévu, comme dans la fable du nègre et du skinhead. Il s'était juré ses grands dieux de ne jamais retourner vivant à l'institution, il arrivait à ses fins. Est-ce qu'il s'imaginait vraiment pouvoir exis-

2f. **exterminer:** vernichten.
3 **le mutant:** Mutant, Wesen mit verändertem Erbgut.
4 **la commande:** hier: Hebel, Taste.
un engin spatial: Raum-, Mondrakete.
8 **en biais:** schräg durch, auf Umwegen.
12 **se tirer sans un rond** (fam.): ohne einen Heller auskommen, sich ohne einen Pfennig durchschlagen.
16f. **le raz de marée** (f.): Sturm-, Springflut.
18f. **la borne de kilométrage:** Kilometerstein.

ter dans une peau comme la sienne et ne pas être quelque chose qui s'éteint?

Le Bordeaux-Paris passait à neuf heures vingt tiré par une motrice orange et grise dont l'avant faisait comme le maillot de bain d'une fille entre ses cuisses. Et vingt minutes après le TGV finirait le boulot. Deux rouleaux compresseurs au lieu d'un. Bonjour la bouillie. À ramasser à la cuillère, le négro. Déjà mieux que rien monsieur Bob!

Et ce fut presque un soulagement d'arriver passage Hirtoff sans rien avoir au ventre qui ressemble à la peur, tellement il est triste et tellement il sait pourquoi. C'est allumé chez Gino. Ça doit y aller, la bière, et les bonnes petites anecdotes saignantes sur les mal blanchis. Le déficit il est là, pense-t-il en franchissant la grille et ça lui donne le vertige. Pourquoi il n'a pas vécu? Pourquoi il ne les a pas soupesés en douce, les nibards de Marlène, entre le présentoir *Ouest-France* et celui du *Monde* et ses publications? Pourquoi ça s'est toujours passé dans un rêve? Et maintenant lui reste le regret minable d'aller dormir en tout bien tout honneur sous un train qui file à deux cents à l'heure et ramène au bercail la flopée des nibards indifférents, bien calfeutrés dans leurs nids en dentelle, et que les

4 **la motrice:** Triebwagen.
7 **le rouleau compresseur:** Dampfwalze.
7 f. **bonjour la bouillie!:** Da haben wir den Brei! Stell' dir den Brei vor!
10 **le soulagement:** Erleichterung.
16 **le vertige:** Schwindel.
21 f. **en tout bien tout honneur:** in allen Ehren.
23 **le bercail:** Heim, Heimat.
la flopée (pop.): große Menge, Masse; hier: üppiger Umfang.
24 **calfeutrer:** stopfen; hier: geschützt, geborgen sein.

autres soupèseront et consoleront mais Charlie c'est râpé.

Deux lui auraient suffi. Un seul.

Quand il parvient au bar du rital la porte n'est pas fermée. Le murmure d'une chanson flotte à sa rencontre. Indifférent, Charlie se glissa sous le rideau de fer et il eut un choc. C'est vide à l'intérieur, sens dessus dessous. Les tables sont chavirées, les chaises ont les pieds en l'air, et c'est bien une culotte de fille qu'il voit en boule au milieu du tapis vert. Déformant les ombres, le rayonnement bleuâtre du juke-box intact semble porter cette voix d'amoureuse attristée par le départ de quelqu'un, résolue à l'attendre à jamais, de jour comme de nuit.

Derrière le bar, après les filaments à perles, il voit le feutre noir du rital sur le sol, il voit le rital étalé sur le sol, considérant son chapeau comme s'ils faisaient tous deux un concours d'inertie; il voit des billets de banque chiffonnés sur la table, il voit un carnage de spaghettis vomis par une marmite renversée, puis il découvre Marlène appuyée contre le fourneau, les deux poings sur la bouche, les yeux écarquillés d'horreur.

2 **râper** (pop.): misslingen, fehlschlagen.
7 f. **sens dessus dessous:** völlig durcheinander, drunter und drüber.
8 **chavirer:** umwerfen, umkippen.
11 **le rayonnement:** Leuchten, Strahlen.
bleuâtre: bläulich.
12 **attristé, e:** betrübt, traurig.
15 **le filament:** Faden, Faser.
18 **une inertie:** Trägheit, Schlaffheit; Bewegungslosigkeit.
19 **chiffonner:** zerknittern, zerknüllen.
le carnage: Blutbad, Gemetzel.
20 **vomir:** hier: auslaufen, sich ergießen.
22 **écarquiller:** (die Augen) weit aufreißen.

– Ils l'ont tué, dit-elle à Charlie.

C'est vrai que toutes les conditions semblent réunies pour donner à penser que le rital n'est pas décédé par l'opération du Saint-Esprit: sa chemise jaune est hors du pantalon, les bretelles déboutonnées lui remontent à la nuque et sa joue droite repose dans une mare de sang qui va jusqu'au frigo. Et s'il ne s'est pas tiré lui-même une balle dans la peau, on voit mal pourquoi le gros pistolet noir, là, près des bouteilles vides, ne serait pas l'arme du crime.

– Un coup d'Éric, dit Charlie, et il ramasse le Lüger.

Marlène ne répond pas vraiment, mais un gémissement s'échappe entre ses doigts, si chantant qu'elle a l'air de faire un concert avec la femme d'à côté et d'attendre elle aussi son retour.

15

Vingt francs c'est vingt francs, c'est ton fric, Charlie. T'as déjà un vrai billet national pour vingt francs. Y a quelqu'un sur le billet. Une célébrité. Qui c'est? On peut pas connaître toutes les célébrités. Pas un basketteur amerloque en tout cas. Pas cet enculé de Zyklon. À part les skins, personne le connaît. Il existe pas. Ça doit être Erik. Erik lui suffisait pas. Erik Zyklon c'est mieux, c'est encore plus chef. Qu'est-ce que c'est vingt francs

3 **décéder:** verscheiden, sterben.
4 **le Saint-Esprit:** Heiliger Geist.
5 **les bretelles** (f.): Hosenträger.
déboutonner: aufknöpfen.
7 **le frigo:** Kurzform für *le frigidaire:* Kühlschrank.
12f. **le gémissement:** Stöhnen, Wimmern.

pour lui? Qu'est-ce que c'est quand on en gagne cinq mille du mois au Franprix? Pour moi c'est la peau du cul. Je ne lui filerai jamais. Déjà que je sors d'une assistance publique où j'ai pas l'intention de retourner, jamais non plus. Elle a raison, la vieille, des clopinettes, mais vingt balles. C'est mes clopinettes, c'est ma peau du cul. Clopinette après clopinette, fric après fric. Tu verras le monceau, Charlie, quand t'auras tout peint. Quand t'auras peint tous les bidasses tu paieras cash, tu feras pas un casse, t'entendras pas gueuler les détecteurs d'enculés, les chèques en bois ça t'ressemble pas. Avec les clopinettes tu paieras ton survète, t'auras plus l'air d'un branleur d'institution tu foutras aux chiottes les petits souliers toilés d'Emmaüs. Elle sera fière de toi, Rita.

– Ça va, ça va, tu lis comme une merde, dit Charlie. Lis deux pages plus loin et parle plus fort, on entend rien. T'as les glandes ou quoi? Imagine que je suis un nègre, Éric. Parle-moi comme on parle à un nègre, Éric.

D'une main tremblante Éric rabattit deux pages du bloc Exacompta.

– Tu verrais les nibards des Passagers du vent*! C'est du papier peint et tu bandes à mort. Rita c'est les mêmes en vrai …*

8 **le monceau:** Haufen.
9 **la bidasse** (pop.): Soldat.
10 **le casse** (pop.): Einbruch.
13 **le branleur** (vulg.): Onanierer.
14 **le soulier toilé:** Leinenschuh; billiger Stoffschuh, Schlappen.
17 **la glande:** hier: Mandel.
23 **bander à mort** (vulg.): affengeil sein, eine außergewöhnlich starke Erektion haben.

– Pas ça, dit Charlie, c'est ma vie privée. Lis le paragraphe d'après.

– Ça suffit peut-être, dit Mado.

– Ferme-la, cria Charlie. Tu l'ouvres encore une fois j'appelle les flics. C'est Éric qui les appelle, c'est lui le chef. Moteur! Lis! …

Il veut pas qu'on le voie se doucher, il …

– J'ai rien compris, dit Charlie. J'ai dit plus fort! Monsieur Bob a pas entendu. Arrêtez-moi cette télé ou je l'éclate. Moteur! Lis.

– J'sais pas si je suis noir mais lui c'est vrai qu'il est tout blanc comme une sale maladie. Et côté muscles il assure pas un caramel, le skin. Son petit buste à la con, on pourrait s'en faire un panier pour les œufs.

– Ça va, rends-moi le carnet. T'as signé ta déposition? Fais voir. C'est ça que t'appelles signer? Cette chiure? Signe en gros: Monsieur Éric Bougran, meurtrier. Tout ça en majuscules.

Avec Marlène ils sont cinq autour de la table et tellement concentrés qu'elle devrait se mettre à tourner. Monsieur Bob tient la télécommande, Charlie le pistolet. Mado fait un concours de tics à elle seule, elle émet de curieux sons étranglés en vue d'attendrir Charlie lequel a d'autres chats à fouetter. Il s'est déjà tapé deux

10 **moteur!** (pop.): Auf!, los!, Bewegung!
13 **ne pas assurer un caramel** (pop.): unterentwickelt sein.
à la con (pop.): lächerlich, ulkig, komisch.
15f. **la déposition:** Aussage (bei Gericht).
17 **la chiure:** Fliegendreck.
18 **la majuscule:** großer Buchstabe.
22 **le tic:** Gesichts-, Nervenzucken.
23 **attendrir:** erweichen, rühren.
24 **avoir d'autres chats à fouetter** (fam.): Wichtigeres zu tun haben.
se taper qc (pop.): sich genehmigen.

sandwiches aux rillettes, il a toujours faim. Un autre, dit-il à Mado. En même temps qu'il mange il les tient sous le charme d'une voix qui le charme et l'effraie lui-même. Si quelqu'un lui mentait, l'interrompait, ça ferait mal. Éric est au plus bas, il est prié de laisser ses deux mains sur la table, les doigts écartés, et ce n'est la faute de personne s'il a les ongles dégueulasses. Il pleure, il n'a pas le droit de se moucher.

Marlène, livide, ses cheveux roux et or à la diable, ses bras frileusement ramenés contre elle, la bouche frissonnante, Marlène n'a d'yeux que pour Charlie. C'est vers monsieur Bob qu'il se tourne à présent selon la coutume au pavillon et sa voix suivant la filière arrive après dans l'oreille de Mado, puis dans l'oreille du skin, et tellement il leur fout la pression que sur son cou les veines bandent à éclater.

Et que dit-il? Rien que du concret. Du rassurant, du cool, mes bons amis, cool. N'importe qui dans votre merdier n'aurait plus qu'à couler. Moi je viens vous ressusciter. Marlène est tombée sous les griffes du groupe

1 **les rillettes** (f.): Schmalzfleisch.
7 **dégueulasse** (vulg.): widerlich, ekelhaft, zum Kotzen.
8 **se moucher:** sich die Nase putzen.
9 **livide:** fahl, leichenblass.
à la diable: hässlich, unordentlich.
10 **frileusement** (adv.): fröstelnd, leicht frierend.
11 **frissonner:** schaudern, zittern, beben, frösteln.
15 **foutre la pression** (pop.): unter Druck setzen.
16 **bander:** hier: anstrengen, anspannen.
19 **le merdier** (pop.): Saustall, Durcheinander.
couler: hier (pop.): vor die Hunde gehen.
10f. **ressusciter:** wieder erwecken, neu beleben, wieder auf die Beine bringen.
20 **la griffe:** Kralle, Klaue.

Zyklon, ouais, ouais, les griffes, elle ne s'est servie dans la caisse de la librairie que pour sauver sa peau. Mais sa peau, les bons amis la voulaient quand même, ils voulaient la violer, Marlène, la faire chanter. Sur ce le rital s'est fâché, pas de ça chez moi, de la rue tout le monde vous voit. Retourne à tes fourneaux rital de mes deux, c'est un pruneau que tu veux? Dans la cuisine Éric l'a tué, exprès ou pas exprès. La peur les a tous fait s'envoler, n'oublie pas qu'on tue ceux qui nous ont vus. N'oublie pas qu'on est de parole et qu'on viole. Le mal est fait, tout ça c'est du passé. Charlie se tut comme épuisé. Il se frotta les yeux, mordit dans son sandwich, et bâilla. Je ne sais pas ce que j'ai. C'est la première fois que je vois un mort. Un mec assassiné. Bon regardez-moi. Je fais partie de la famille, maintenant, d'accord? J'ai pas l'intention de cafter. Alors soyez discrets. On a passé la soirée tous ensemble à jouer au poker, à danser, à picoler. On fêtait mon adoption officielle et le fait que Marlène ait décidé de rendre l'argent piqué, d'aller aux flics, ça n'ira pas loin, ça détournera l'attention. Au fait elle n'a nulle part où dormir. Le mieux c'est qu'elle dorme au sous-sol. Maintenant vous allez picoler et vous éclater, vous allez mettre à fond la télé, compris? Moi je suis naze, viens Marlène, on y va.

Ils y allèrent.

À l'aube Charlie découvrit qu'il était béni.

4 **violer:** vergewaltigen.
faire chanter: erpressen.
6 **de mes deux** (vulg.): Scheiß-.
7 **le pruneau:** hier (pop.): blaue Bohne, Kugel.
10 **être de parole** (f.): sein Wort halten.
14 **le mec** (pop.): Mann, Typ, Kerl.
23 **s'éclater** (pop.): im (Drogen-)Rausch sein.

Mais bien sûr, lectrice, on a fini par se marier, Marlène et moi. Pour te faire plaisir. Mariage entre nous, sans témoins ni personne, et le oui des amours sans fin. Oui sur tes yeux, sur ta bouche, oui sur ta forêt. Chante, petite vieille, chante, et ne perds pas mes os en chemin. On a fait deux ou trois fois le tour du monde et nous voilà revenus à Néry, preuve qu'on revient toujours à son premier baiser. Elle était si jolie contre le fourneau du rital, si tremblante. J'ai pas résisté, elle non plus. C'était bien moi qu'elle attendait, de jour comme de nuit. C'était bien moi sa barque aux yeux peints. On a racheté le café Gino pour s'aimer, pour dormir après l'amour et n'être plus jamais seuls. Marlène a fini ses études de harpe au conservatoire de Néry. Elle enseigne aujourd'hui chez nous. Et moi des études, si j'en ai suivi.

Mademoiselle Irsch ne m'a pas oublié dans son testament. J'ai reçu tous les petits soldats que je coloriais pour vingt francs. En or massif, les soldats, les cantinières, les généraux. De quoi remettre à neuf le passage Hirtoff. Les boutiques fermées tout du long – *Fabriques d'eau de seltz, Huîtres-en gros, Néry l'élégant, Chapellerie du critérium, Maison fondée en 1926, le Garni du Bosphore* – ont rouvert leurs portes aux ateliers d'art vivant. J'ignore si les pensionnaires sont heureux. Je ne me fie plus à leurs ovations quand j'apparais dans les dortoirs. Ils viennent chaque année plus

15 **la harpe:** Harfe.
21 **remettre à neuf:** sanieren, instand setzen.
24 **le critérium:** Wertmesser.

nombreux. Ils se passent le mot. J'envie ces rois, ces fiers nigauds. Aucun d'eux n'est un prédateur. À Néry tout le monde aime Charlie. Monsieur Valentin, fort d'un jumelage avec les pays du tiers monde, amène souvent des visiteurs dont on ne comprend pas un traître mot. La chaleur du sourire aidant tout va pour le mieux.

On vit en famille, passage Hirtoff, les uns sur les autres et ça nous convient. Chacun son petit monde. Monsieur Bob n'a plus ses jambes. Trop de télé, d'après la doctoresse. Il n'en souffre pas. Il a un superbe fauteuil à moteur pour se bouger sans appeler au secours. Il va jouer aux boules avec les enfants du quartier. Des fois il roule dans la crotte et ça fait désordre. Au déjeuner tout le monde soupçonne tout le monde.

Le soir j'ai parfois des envies de roulotte et d'horizons nouveaux, mais je ne pars jamais. Je laisse aller mes yeux, les horizons viennent à moi, la cuvette parisienne, le brouillamini des lointains et des collines glissant vers le nord et vers l'est, l'hippodrome de

1 **se passer le mot:** sich untereinander verständigen; werben.
2 **le nigaud** (pop.): Dummkopf, Tölpel.
le prédateur: Feind, Verfolger.
4 **le jumelage:** Verschwisterung.
5f. **ne pas comprendre un traître mot:** kein Sterbenswörtchen verstehen.
12 **le fauteuil à moteur:** Krankenfahrstuhl.
14 **la crotte:** Kot, Dreck, Straßenschmutz.
17 **la roulotte:** Wohnwagen.
19f. **la cuvette parisienne:** Pariser Becken.
20 **le brouillamini:** hier: Bodennebel.
21 **un hippodrome:** Pferderennbahn.

Maisons-Laffitte, l'île Seguin, Flins, l'hôpital d'Ivry qui n'existe plus, Paris Notre-Dame, la prison des femmes. Chez nous, en banlieue, la rose des vents s'effeuille à mi-voix, beaucoup, passionnément, Chatou, Vésinet, Bougival, Plessis-Trévise, Arméniens, Catalans, Morvandiaus, Cosaques, Beurs, voyous, Île-de-France, blacks à tous les étages, le ciel est bleu, les alouettes grisollent. La mer n'a plus qu'à monter. Elle l'a déjà fait, tu sais. L'île attend la mer.

Le 12 rue Clamamus? Racheté par une banque! Une tirelire Écureuil, s'il vous plaît. Terrassement, redressement. *Parva sed apta*. Une salle des coffres au sous-sol. Le mien porte le numéro 777. Il contient une vieille rédaction dont le sujet portait sur la duplicité d'une mé-

1 **Maisons-Laffitte / l'île Seguin / Flins / Ivry:** Städte im Norden und Westen des Département de la Seine.
3 **la banlieue:** Vorort, unmittelbare Umgebung einer Stadt.
la rose des vents (m.): Windrose.
s'effeuiller: entblättern, die Blätter verlieren.
4 **à mi-voix:** halblaut; hier: unauffällig.
4f. **Chatou / Vésinet / Bougival / Plessis-Trévise:** Vororte von Paris.
5f. **les Morvandiaus:** *les Morvandiaux:* Einwohner des Morvan (Mittelgebirge in Zentralfrankreich).
6 **le Beur:** *le Maghrébin:* Nordafrikaner (aus Tunesien, Algerien, Marokko, Mauretanien).
le voyou (pop.): Strolch, Stromer, Straßenjunge.
Île-de-France: Gebiet in Zentralfrankreich, das die Départements Aisne, Oise, Seine, Seine-et-Oise, Seine-et-Marne mit Paris als Hauptstadt umfasst.
8 **grisoller:** trillern, singen.
11 **la tirelire:** Sparbüchse.
le terrassement: Erdarbeiten.
11f. **le redressement:** Erdaufschüttung, Planierarbeiten.
12 ***parva sed apta*** (lat.): klein, aber zweckmäßig; passend.
le coffre: hier: Geldschrank, Safe.
14 **la duplicité:** Doppeldeutigkeit, Doppelzüngigkeit, Falschheit.

moire d'enfant. Un exemple: la frisette n'a jamais senti la résine. Le sous-sol avait une odeur de gasoil. La chaudière, les bidons d'avance. Et moi je devais bien sentir le gasoil à mes heures. Ça prend les odeurs, un nègre, demande aux voisins? Au skin?

Éric n'est toujours pas sorti de prison. C'est long dix ans. Mais le rital, cinquante ans de bons et loyaux souvenirs en cendres, sans compter les autres.

Qui donc ai-je oublié dans ma tournée? Éva? Le scotch-terrier d'Éric? Elle ne s'habituait pas à moi. Elle cachait ses dents, rampait sous les meubles, et fautive ne s'alimentait plus. Peut-on parler de suicide à propos d'une mort aussi curieuse? La chienne aux gigots tigrés, aux oreilles en flamme de bougie, aux mâchoires de tungstène, est allée planter ses crocs dans la roue d'un poids lourd gallois dont le chauffeur soulageait sa vessie. Une heure plus tard, à Wattignies, un douanier constatait la présence d'une mâchoire animale agriffée sur le flanc d'une roue dé-

2 **le gasoil** (angl.): Dieselöl.
3 **le bidon:** Kanne, Kanister.
7 **loyal, e:** treu, anhänglich, zuverlässig.
11 **ramper:** kriechen.
12 **fautif, ve:** schuldhaft; hier: absichtlich.
s'alimenter: sich ernähren, Nahrung zu sich nehmen.
12f. **le suicide:** Freitod.
14 **le gigot:** (Tier-)Oberschenkel, Bein.
tigré, e: getigert.
15 **la mâchoire:** Kinnbacken, Kiefer.
le tungstène: Wolfram; hier: steinhartes Material.
16 **le croc:** Fang-, Hakenzahn.
le poids lourd: Lastwagen.
18 **le douanier:** Zöllner, Zollbeamter.
19 **agriffer:** festhaken, festklammern.
19f. **dégonfler:** die Luft herauslassen.

gonflée. Le corps, à huit cents tours minute, c'était désagrégé.

Au printemps, Marlène aura son huitième enfant. Papillon si c'est un garçon, Crevette si c'est une fille, et tant pis si la mairie n'est pas d'accord. Ni Charlie ni son épouse ne veulent d'échographie. Le mystère de la fève appartient à la nature.

Crevette ou papillon, ça révolte Mado. Quand ils sont bouts de choux, j'dis pas. Mais à l'école? C'est des moqueurs les enfants. Ils sont durs entre eux. Et plus tard, à l'hospice: Crevette ... C'est des moqueurs les vieux.

Mes sept premiers enfants s'appellent: Robert, Madeleine, Éric, Valentine, Marlène, Porpoleta, Jacquotte. J'espère aller jusqu'à dix. Plus tard j'adopterai les enfants d'ailleurs et des autres. Pas un sentiment, pas un élan qui n'ait en moi l'étranger pour théâtre. L'étranger, la ressemblance.

La vie? Nous y sommes. Néry se lève, Néry s'endort. Le nœud ferroviaire de la Plaine est toujours aussi brasillant les beaux soirs de juin. L'humanité s'agite en nous. C'est une bête jeune, ardente, vieille de tous les

1 f. **désagréger:** lösen, trennen, abfallen.
6 **une échographie:** Ultraschall (zur Geschlechtsbestimmung).
7 **la fève:** Saubohne, dicke Bohne (sie spielt in einem Gesellschaftsspiel eine Rolle, wo der Mitspieler, der sie im Kuchenteig findet, gewonnen hat).
9 **être bout de choux** (fam.): klein und niedlich sein.
10 **le, la moqueur, se:** Spötter(in).
11 **un hospice:** hier: Altersheim.
17 **le théâtre:** Schauplatz, Wirkungskreis.
20 f. **brasiller:** leuchten, funkeln.
22 **ardent, e:** hier: lebhaft, leidenschaftlich, heißblütig.

os broyés dans la terre depuis qu'un dieu couvert de poils y enfouit son premier lit de mort.

Le dimanche soir nous allons pique-niquer avec mes enfants le long des voies ferrées. On remplit de sandwiches la poussette en osier du premier-né, on part camper sous le parasol entre deux arbustes lunaires épargnés par les cheminots. Les trains passent, le vent fait voler sous les roues des pétales de papier toilette. Il y a toujours un gosse pour me demander où vont les trains? Ils vont à Rome, petit. L'essentiel est qu'ils me croient, qu'ils dorment en paix sur un lit de convictions dont je garde les clés. Nous faisons cercle autour de Marlène, la femme à la harpe. Elle chante et joue son aventure avec la terre, la nôtre.

Au fait, lectrice, depuis qu'on a fait l'amour Marlène et moi, je ne suis plus aussi noir qu'avant. Je n'avais pas trouvé mes semblables. Au lycée Roger-Salengro, j'en ai connu de plus sombres que moi. Salengro lui-même fut convaincu de négritude à la fin. Quel frère j'ai manqué là.

Ma femme à présent. Marlène. Je ne l'ai jamais autant aimée. Coupez-lui la tête, elle reste vivante. Elle a ses racines, elle a ses … Je n'appelle plus ses … des nibards. Je les appelle autrement. Ils n'ont jamais été si

1 **broyer:** zerdrücken, zermalmen, vernichten.
2 **enfouir:** eingraben, verbergen.
5 **la poussette:** Kinderwagen.
un osier: Weide, Weidengeflecht.
6 **le parasol:** Sonnenschirm.
un arbuste: Strauch.
lunaire: Mond-.
7 **le cheminot:** Eisenbahner.
19 **la négritude:** Kultur der Schwarzen.

beaux, si puissants. Elle est calme et puissante. Elle aime gratter la terre, elle scrape et scrape, la jolie Marlène. Elle fait pousser de belles tomates et des fleurs. Elle voudrait un cheval devant la maison. Un cheval? Bien sûr Charlie. La terre non fumée dépérit. Comment n'y ai-je pas pensé? Va pour un cheval. Une poulinière.

Souvent, Marlène éclate en orages et je l'aide à dompter l'élément. La femme a besoin d'être sauvage entre les mains qui lui prennent sa tempête. Là là, Marlène, c'est fini. Ce n'est pas un hasard si les cyclones ont des noms de petites filles modèles, et si les paysages qu'ils dévastent ont des lendemains si doux.

Et moi, moi? Avec les années, je ne change guère. Vas-y Charlie, t'es pas si petit, t'es pas si noir, t'es pas si mal, pas si noir animal …

2 **scraper** (angl.): kratzen, scheuern.
5 **fumer:** hier: düngen.
dépérir: verkümmern, verkommen, zugrunde gehen.
6f. **la poulinière:** Zuchtstute.
8 **éclater en orage** (m.): außer sich sein, die Beherrschung verlieren.
10 **la tempête:** schwerer Sturm.
11f. **le cyclone:** Wirbelsturm.
13 **dévaster:** verwüsten, verheeren.

Editorische Notiz

Der französische Text folgt der Ausgabe: Yann Queffélec, *Noir Animal ou la Menace. Roman*, [Paris:] Éditions Bartillat, 1997. Das Glossar enthält alle Wörter, die nicht im *Dictionnaire fondamental de la langue française* von Georges Gougenheim (Paris: Marcel Didier, 1958) verzeichnet sind. Im Zweifelsfall wurde großzügig verfahren, d. h. einerseits eher eine Vokabel mehr aufgenommen als dort vorgesehen, andererseits – bei auch im Deutschen verständlichen Begriffen – auf eine Erklärung verzichtet.

Im Glossar verwendete Abkürzungen

adv.	adverbe
angl.	anglais/anglicisme
f.	féminin
fam.	familier (umgangssprachlich)
interj.	interjection (Ausruf)
lat.	latin
m.	masculin
pop.	populaire (salopp)
qc	quelque chose
qn	quelqu'un
vulg.	vulgaire

Nachwort

Zu Leben und Werk von Yann Queffélec

Yann Queffélec wird 1949 in Paris geboren. Er ist der Sohn des bretonischen Schriftstellers Henri Queffélec. In frühester Jugend zeigt er großes Interesse an Literatur und äußert schon mit acht Jahren den Wunsch, seinem Vater nachzueifern und Schriftsteller zu werden.

Er betätigt sich zunächst als Literaturkritiker für die Wochenzeitung *Le Nouvel Observateur*, für die er heute noch gelegentlich Beiträge liefert. In besonderem Maße setzt er sich für die zeitgenössische Literatur des Auslands ein. In den siebziger Jahren tritt er auch als Sachbuchautor in Erscheinung, indem er eine sehr einfühlsame und viel beachtete Béla-Bartók-Biographie schreibt. Seine Musikbegeisterung schlägt sich in zahlreichen Aktivitäten nieder, u. a. schreibt er zwei Libretti zu Debussys *La Boîte à Joujoux* und Saint-Saëns' *Le Carnaval des Animaux*.

Queffélecs Kindheit und Jugend haben sein schriftstellerisches Werk entscheidend beeinflusst. Seine Kinderbücher *Le Poisson qui renifle* (1994) und *Le Pingouin mégamélomane* (1994) sind liebevolle Erinnerungen an diese glückliche Zeit. Queffélec ist verheiratet und hat zwei Kinder.

Im Gegensatz zu seinen Kinderbüchern überwiegt in Queffélecs Romanen die düstere Seite des Lebens: das Verhängnis, das Missgeschick, das unverschuldete Unglück, die Fatalität. Seine Protagonisten sind häufig Menschen, deren Leben und Schicksal unter einem Unstern stehen und die trotz aller Bemühungen dem Verhängnis nicht entgehen können. Schon in jungen Jahren sehen sie sich hoffnungslos mit den Schattenseiten des Daseins konfrontiert und finden auf der Suche nach Freundschaft, Wärme und Liebe nach unzähligen Enttäuschungen einen frühen, gewaltsamen Tod.

Queffélecs erster Roman *Le Charme noir* erscheint im Jahre 1983 und findet eine begeisterte Resonanz bei Presse und

Leserschaft. Ein noch größerer Erfolg ist seinem zweiten Roman *Les Noces barbares* beschieden, den er 1985 veröffentlicht und der mit dem berühmtesten französischen Literaturpreis, dem Prix Goncourt, ausgezeichnet wird. Er ist inzwischen in 35 Sprachen übersetzt und lässt Queffélecs herausragendes Talent als Erzähler erkennen. Er versteht es, hochdramatische Ereignisse in existentiellen Grenzsituationen mit sicherem Gespür für die Eigenheiten der Charaktere und die atmosphärische Dichte zu erfinden und überzeugend mit Leben zu erfüllen. *Die barbarische Hochzeit* schildert den Leidensweg des unehelichen Jungen Ludovic, den seine Mutter Nicole nach ihrer Vergewaltigung durch amerikanische Soldaten zur Welt bringt. Die Fachkritik ist sich darin einig, dass *Les Noces barbares* einer der besten Romane der beiden letzten Jahrzehnte ist.

1988 publiziert Queffélec seinen Roman *La Femme sous l'horizon*. Es ist die Lebensgeschichte der Zigeunerin Tita, die – geheimnisvoll, verführerisch und unberechenbar – das Rätsel zu lösen versucht, das den schrecklichen Tod ihrer Mutter Carmilla umgibt. 1990 kommt Queffélecs Roman *Le Maître des chimères* auf den Buchmarkt, in der deutschen Übersetzung unter dem Titel *Der Geisterbeschwörer*. Der Protagonist der kurzweiligen Romanhandlung ist der talentierte Pariser Schauspieler Francis Pavin, für den das Leben ein Spiel ist und der als sympathischer Meister der Illusion besonders bei Kindern großen Anklang und ungeteilte Bewunderung findet. Auf der Suche nach der eigenen Identität wird Pavin zum opferbereiten Retter, der bei dieser selbstlosen Aktion den Tod erleidet.

Queffélecs Roman *Prends garde au loup* (1992) ist die Geschichte einer Leidenschaft, die – wie viele Geschichten des Autors – im Tod endet. Sie spielt in der trügerischen Lagunenwelt des poitevinischen Marais. Toni wächst in dieser magischen Welt auf; er verliebt sich mit fünf Jahren in seine dreijährige Cousine Maï und wird sein ganzes Leben lang von dieser Besessenheit nicht loskommen.

In dem Roman *Disparue dans la nuit*, den Queffélec 1994 veröffentlicht, konfrontiert er den Araberjungen Momo, einen jungen Verbrecher aus der Marseiller Unterwelt, mit der eigensinnigen, rebellischen Schülerin Léna, der er sexuell hörig ist und die sich mit ihm monatelang in einem primitiven Unterschlupf vor ihren Eltern verborgen hält. Der Roman endet mit einem grauenhaften Brudermord und dem verzweifelten Hilferuf der schwer gezeichneten Léna.

Der Roman *Et la force d'aimer* (1996) thematisiert die Odyssee der jungen Mona, die ihren Geliebten Tom aus Notwehr erstochen hat, dennoch zu einer langjährigen Gefängnisstrafe verurteilt wird. Es gelingt ihr zu fliehen. Von der Polizei gehetzt und völlig erschöpft, findet sie Unterschlupf bei dem vierzigjährigen Emmanuel Ax, der der hübschen und rätselhaften Frau sofort verfällt. Er begleitet sie auf ihrer Flucht auf der Suche nach ihrer Tochter, die sie im Gefängnis zur Welt brachte. Queffélecs Charaktere in ihrer Mitleid erregenden Verstrickung sind von einer atemberaubenden Realitätsnähe. Die Sprache – Argot und *langue parlée* in vielen narrativen Bereichen – ist ungestüm, brutal, mitreißend. Sie schreckt in ihrer kompromisslosen Härte nicht vor vulgären Formulierungen zurück und gibt die traumatischen Erlebnisse einer zerstörten Jugend in erschütternden Bildern wieder.

Die letzten beiden Romane Queffélecs sind *Noir Animal ou la Menace* (1997) – die erweiterte Zweitfassung seines 1993 erschienenen Romans *La Menace* – und *Happy Birthday, Sara* (1998). In *Happy Birthday, Sara* läßt sich die Titelheldin, anstatt ihren 18. Geburtstag mit ihrer Familie und ihrem Freund zu feiern, als Bedienung auf dem Fährschiff *Estonia* anheuern, um die Machenschaften aufzudecken, die für ihren Vater zum Verlust seines Kapitänspatents geführt haben. Bei ihren Recherchen stößt sie auf eine Serie von Erpressungsversuchen und Aggressionen, die schließlich zum Kentern des Schiffes führen. Der Autor versucht, das wirkliche Schiffsunglück der *Estonia* 1994 durch seine fiktionale Bearbeitung des Themas für Leserinnen und Leser nachvollziehbar zu machen.

Yann Queffélec hat mehrere Preise und Auszeichnungen für seine Romane bekommen: neben dem schon erwähnten Prix Goncourt für *Les Noces barbares* (1985) den Prix Vogue

Homme, Roman et Cinéma für *La Femme sous l'horizon* (1996) und den Prix Henri Queffélec für *Toi, Horizon* (1996). Dieser Preis, den die Jury des Salon du Livre Maritime de Concarneau für die beste Erzählung verleiht, in der das Meer die Hauptrolle spielt, ist Queffélec besonders ans Herz gewachsen. Bei der Preisverleihung nimmt er dazu Stellung: »L'horizon pour moi, c'est cette ligne imaginaire qu'on n'a jamais fini d'approcher, ni d'explorer. La seule limite, c'est soi-même. Et la mer, mon jardin secret, elle exprime mille choses … Elle est en moi comme l'enfant des *Noces barbares.* Jamais je ne finirai de rêver un jour y revenir.«

Yann Queffélec ist der erste französische Schriftsteller, der die Anregung des Projekts *Roman interactif* mit Begeisterung aufgegriffen hat und sich an dem Abenteuer Internet beteiligt, was viele Möglichkeiten eröffnet, neue literarische Bereiche und innovative narrative Darbietungsarten zu erforschen und zu präsentieren.

Zu »Noir Animal ou la Menace«

In den letzten Jahren hat eine Steigerung rechtsradikaler Übergriffe in Deutschland die Frage nach einem neuen Wertekonsens gestellt. Es vergeht kaum ein Tag, an dem nicht Ausländer von neonazistischen Banden angepöbelt, angegriffen und zusammengeschlagen werden. Auch in Frankreich hat man Probleme, Ausländer vor den brutalen Übergriffen radikaler Schlägerbanden und Rollkommandos zu schützen. Yann Queffélec greift dieses heiße Eisen 1993 in seinem Roman *La Menace* auf. Er konfrontiert Leserinnen und Leser mit den Skinheads des »groupe sécuritaire Zyklon«, die die Bevölkerung von Néry, einer Vorstadt von Paris, in Panik versetzen und das Städtchen von Ausländern und anderen ›unsauberen‹ Elementen, die nicht in ihr schiefes Weltbild passen, radikal ›säubern‹ wollen.

Hauptzielscheibe ihrer brutalen Misshandlungen in dem Roman ist der schwarze Adoptivsohn Charlie einer weißen französischen Familie, deren Sohn Éric der Rädelsführer der Skins ist. Charlie lebt in ständiger Angst unter der Bedrohung, von dem menschenverachtenden Mob gefoltert und getötet zu werden. Der Roman endet mit Charlies Tod, der als etwas rein Zufälliges, Alltägliches, Belangloses unter der Rubrik »Fait divers banal« abgehakt wird – er wird aus Versehen bei einer Schießübung von seinem Stiefbruder Éric, der später begnadigt wird, erschossen.

Ohne Zweifel hat der Autor erkannt, dass der pessimistische Schluss des Romans einen bitteren Nachgeschmack hinterlässt, wenn man ihn als Beitrag zur kritischen Auseinandersetzung mit den Problemen der Ausländerfeindlichkeit und des Rechtsradikalismus wertet. Wahrscheinlich hat er deshalb das Thema 1997 noch einmal in einer erweiterten Zweitfassung des Romans unter dem Titel *Noir Animal ou la Menace* bearbeitet. Auch wenn er hier den heimtückischen Skinheads keine ernst zu nehmenden Antagonisten entgegenstellt, vermittelt der Epilog eine optimistische Lösung der Koexistenz zwischen Weißen und Schwarzen und stimmt weitaus hoffnungsvoller und versöhnlicher als die Kurzfassung des Romans.

Begleiten wir den Protagonisten Charlie auf seinem Leidensweg vom »Noir Animal«, vom Underdog, vom Objekt sadistischer Exzesse, bis zu seiner Erlösung: seiner gesellschaftlichen Akzeptanz. Dieser dornenreiche Weg vom »schwarzen Tier« zum Freund und Wohltäter der Weißen, der sich seiner dunklen Hautfarbe nicht mehr bewusst ist, ist ein Martyrium, das er mit Geduld, Ausdauer, Opferbereitschaft und Selbstverleugnung über sich ergehen lässt.

Charlie lässt sich nicht immer in die passive Rolle des »Noir Animal« hineindrängen; in Situationen, in denen er in euphorischer Stimmung ist, fühlt er sich nicht mehr als »nègre adoptif de l'assistance public«, sondern als »dieu noir [...] l'idole des filles et l'amour de Rita« (S. 10). Stolz stellt er sich die Ovationen aller Mädchen seiner Schule vor, die ihm, dem schwarzen Gott, gelten. Die Desillusionierung folgt unmittelbar, als er mit Schlägen, Fußtritten und Schimpfworten »tu frimes, fumier [...] tu vas chier dans ton froc [...] magne-toi, négro, mon frangin noir« (S. 12–14) von den Skins brutal misshandelt und auf den Schienen des Schnellzugs Paris – Bordeaux festgebunden wird. Weil er keine plausible Erklärung für sein spätes Heimkommen und seine beschmutzte Kleidung geben kann, wird er von seinen Stiefeltern mehrmals als »cochon menteur« bezeichnet (S. 18). Nur in der Schule fühlt er sich wohl und wird von seiner Lehrerin geschätzt, wenn er vor der Klasse die Fabeln von La Fontaine aufsagt. Bei der Fabel »Le Loup et l'Agneau« allerdings hat er Vorbehalte, weil sie beklemmende Erinnerungen an die makabre Fabel zu Hause »Le Nègre et le Skinhead« bei ihm aufkommen lässt. Mit absoluter Willkür verweigert Éric, der sich mit Drohgebärden über den Willen seiner Eltern hinwegsetzt, seinem Stiefbruder das Abendessen und zwingt ihn, der Familie beim Essen zuzuschauen. Bei anderer Gelegenheit demütigt er ihn, indem er ihn zwingt, sich nackt auszuziehen, weil er einen seiner Pyjamas anhat.

Bei einer Retrospektive auf die ersten Tage, die Charlie in der Adoptivfamilie verbringt, erfährt der Leser, dass sich die beiden Stiefbrüder anfangs recht gut verstanden haben, dass fast ein Vertrauensverhältnis zwischen Éric und Charlie Sanzor, dem »nègre des skins« (S. 45), bestanden hat, als ihm Éric seine Waffen zeigt, seine Pläne mitteilt und ihn zum Faustkampf in einer leer stehenden Einkaufspassage animiert. In dem Augenblick jedoch, als Charlie es wagt, die Aufmerksamkeit von Érics Freundin Jacquotte zu erregen, wird er zum »sale négro« (S. 48), und es gibt Krieg zwischen beiden.

Charlie gibt die Hoffnung, als ebenbürtiger Sohn der Familie anerkannt zu werden, nicht auf. Sollte ihm dies gelingen, stellt er sich vor, dass er nicht auf unbegrenzte Zeit schwarz bleiben wird: »[le] noir animal va faire peau neuve« (S. 67). Erst wenn er eine ›neue Haut‹ hat, wird er in der Lage sein, sein erotisches Ideal, die vermeintliche Buchhändlerin Rita, die in Wirklichkeit Marlène heißt, zu lieben: »Rita dit oui, Rita dit tu as la peau douce« (S. 69). Noch fühlt er sich jedoch solidarisch mit den Schwarzen, die nie den Busen einer

Weißen berührt haben: »Les seins blancs ça va pas dans les mains noires« (S. 70). Solange Charlie von Éric und den Skins nicht gedemütigt wird, fühlt er sich bei seinen Adoptiveltern nicht mehr ganz so schwarz wie vorher: »Il regarde sa peau: j'étais sûr qu'on blanchirait« (S. 78). Charlie erlebt jedoch wieder einen Rückfall in Angst und Panik, als ihm Éric den Strom in seinem Zimmer abstellt, ihn wegen seiner schwarzen Hautfarbe auf sadistische Weise quält und in Schrecken versetzt.

Die Nachricht, dass ›Rita‹, deren verführerische Brüste seine Träume beherrschen, mit der Kasse der Buchhandlung geflohen ist, stürzt Charlie in tiefe Niedergeschlagenheit. Bei der blinden Mademoiselle Irsch sucht er vergebens Trost, obwohl sie die Einzige ist, bei der seine Hautfarbe keine Rolle spielt. Auch in der Schule findet er kein Verständnis mehr in seiner verzweifelten Lage. Von seinen Klassenkameraden wird er ausgebuht und von seinem Lehrer mit einer schlechten Zensur bestraft. Eine Welt bricht für ihn zusammen, er sieht in allen nur noch Skinheads. Seine Verzweiflung und Beklemmung steigern sich noch, als die Skins ihn heimsuchen und ihn unter obszönen Drohungen zu erpressen versuchen: »Et si tu caftes, on la troue, ton aveugle. Et on te fout sa canne blanche dans le cul« (S. 90).

Die traumatischen Eindrücke sind so nachhaltig, dass Charlie Halluzinationen bekommt, wenn er an Éric und seine mörderischen Drohungen denkt. Er weiß, dass er in dieser hoffnungslosen Lage weder Trost noch Hilfe von seinen Stiefeltern erwarten kann. Im Gegenteil, er ist überzeugt, dass sie ihn wieder in unflätiger Weise der Lüge bezichtigen und mit seiner Rückführung ins Waisenhaus drohen werden. Auch wenn es sich dabei nur um eine fiktive Drohung handelt, versetzt ihn dieses makabre Spiel in neue Angst und Schrecken. Beim Abendessen macht sich die Familie über ihn lustig, weil er als Schwarzer von der sehr toleranten und verständnisvollen Mademoiselle Irsch weiße Schokolade geschenkt bekommen hat: »Quelle rigolade, un noir mange du chocolat blanc [...] elle est raciste ou quoi ton aveugle, disait Éric« (S. 93).

Charlies Martyrium nähert sich einem Höhepunkt, als er sich angsterfüllt und den Tod antizipierend mit den Worten »T'es mort pour la vie, Charlie!« den Skinheads stellen will. Seine Überraschung ist groß, denn an der verabredeten Stelle trifft er nicht die verhassten Skins, sondern seine Stiefmutter Mado, die ihm mit den Schimpfworten »Cochon menteur!!! Ah t'es pas bien béni, toi!« (S. 23) entgegentritt. Doch Charlie ist erleichtert, endlich kann er wieder ruhig und fest schlafen und von ›Ritas‹ Busen träumen, ohne von quälenden Albträumen heimgesucht zu werden.

Eine leichte Retardierung der Spannung tritt ein durch die vorübergehende Verhaftung Érics, sodass der Druck, der auf Charlie lastet, gemindert wird. Doch dann nimmt Éric seine grausamen, menschenverachtenden Aktivitäten als Rädelsführer des »groupe sécuritaire Zyklon« wieder auf. Sein schwarzer Stiefbruder Charlie ist ihm bei diesen brutalen Unternehmungen im Wege, zumal er Zeuge seines seelischen Zusammenbruchs gewesen ist: »Le nègre sait tout. C'est noir et ça cause. Le nègre l'a vu perdre sa face et pleurer« (S. 108). Charlie weiß um die Gefahr, in der er sich befindet, aber da er sich geschworen hat, nie mehr in die Erziehungsanstalt zurückzukehren, beschließt er unter äußerster Selbstüberwindung, sich den Skins ein zweites Mal zu stellen: »Il était temps d'aller se livrer au groupe Zyklon comme prévu, comme dans la fable du nègre et du skinhead« (S. 110).

Doch dann kommt alles anders als erwartet. Die Skins haben einen italienischen Barbesitzer ermordet. Eine spürbare Erleichterung für Charlie tritt ein, als Éric dafür eine mehrjährige Gefängnisstrafe droht. Von diesem Zeitpunkt an tritt er aus dem Schatten seines Stiefbruders heraus und gewinnt ein neues Selbstbewusstsein.

Am Ende des Romans ist er es, der die Familie beherrscht und die Weichen für zukünftige Entscheidungen stellt. Schließlich kann er sich seinen sehnlichsten Wunsch erfüllen und die erste Nacht mit Marlène, seiner angebeteten weißen Freundin, verbringen: »À l'aube Charlie découvrit qu'il était béni« (S. 117).

Im Epilog wendet sich Charlie direkt an die Leserinnen – er klammert hier bewusst die Leser aus – indem er sein freudvolles Schicksal an der Seite von Marlène schildert. Die Namen der sieben Kinder, die sie ihm schenkt, evozieren die Personen, die in seinem Leben eine Rolle gespielt haben, sowie seine wechselhaften Erlebnisse in der Adoptivfamilie. Marlène singt, spielt Harfe, versorgt die Kinder, erntet in ihrem Garten selbst Gepflanztes und liebt Charlie von ganzem Herzen. Er ist überglücklich, an Marlènes Seite Erfüllung und Aufnahme als ebenbürtiges Mitglied in der Gemeinde von Néry, deren Wohltäter er aufgrund einer Erbschaft von Mademoiselle Irsch geworden ist, gefunden zu haben. Bei so viel Liebe, Freundschaft und Sympathie in der Familie und im Freundeskreis fühlt er sich nicht mehr als Underdog, sondern als Partner, Freund, zärtlicher Vater und Liebender. Seine schwarze Hautfarbe verursacht ihm keine Minderwertigkeitskomplexe mehr. Am meisten beglückt ihn, dass die Zeit, in der er als »Noir Animal« unendlich viel erleiden musste, für seine weißen Freunde und ihn für immer der Vergangenheit angehört: »Vas-y, Charlie, t'es pas si petit, t'es pas si noir, t'es pas si mal, pas si noir animal«. Die Liebe hat ihn zum Mann und zum Weißen gemacht.

Der zweite Teil des Romantitels: *la Menace*, die Bedrohung, hat zum einen eine vordergründige, spannungsfördernde Bedeutung, zum anderen eine zukunftsweisende, visionäre, warnende Funktion. Die verschiedenen Handlungsabläufe des Romans verdeutlichen, dass nicht nur der Protagonist Charlie unter der Bedrohung der Skins und seines Stiefbruders Éric zu leiden hat, auch Charlies Stiefeltern werden von ihrem gewalttätigen Sohn in entehrender Weise gedemütigt, wenn sie sich seinen menschenverachtenden Handlungen entgegenzustellen versuchen. Mado hat zeitweise echte mütterliche Regungen Charlie gegenüber, wenn beide allein sind. Ist jedoch Éric in der Nähe, lässt sie sich dazu hinreißen, Charlie als »lügnerisches Schwein« zu beschimpfen und ihn ohne Abendessen ins Bett zu schicken. Sie weiß sogar, dass Charlie von Érics Komplizen grausam misshandelt wird, gibt es aber wider besseres Wissen nicht zu, weil sie die Repressalien ihres Sohnes fürchtet. Auch Érics Freundin Jacquotte ist dem erpresserischen Druck ihres Freundes ausgesetzt, so dass sie ihre Sympathie und ihre Annäherungsversuche gegenüber Charlie unterdrücken und aufgeben muss.

Sogar die Polizei, die Éric vorübergehend verhaftet, lässt ihn wieder laufen, weil sie das brutale Charisma des Rädelsführers sowie weitere Ausschreitungen des Schlägerkommandos fürchtet. Auch die Bevölkerung von Néry lebt in dauernder Angst. Früh abends schließen sie schon ihre Fensterläden und damit ihre Augen vor den aggressiven Tätlichkeiten der Skinheads, um sich nicht durch ihre Mitwisserschaft erpresserischen Machenschaften auszusetzen: Éric »considéra les volets clos des pavillons qui bordaient la rue. ›Appelez les flics, bande de rats, ou descendez si ça vous plaît pas.‹ Il éclata de rire et rota. [...] S'il [Charlie] appelait au secours, les gens mettraient la tête sous l'oreiller« (S. 11).

Neben Charlie leidet der Barbesitzer an der Hirtoff-Passage – ein Italiener – am schlimmsten unter den permanenten Gewalttätigkeiten des skrupellosen Mobs. Er muss seinen Widerstand mit dem Tod bezahlen, als er die Buchverkäuferin Marlène vor Vergewaltigung und Erpressung zu schützen versucht.

Yann Queffélec zeigt uns in seinem Roman ausschließlich Personen des Städtchens Néry als Opfer der Bedrohung. Die Bedrohung weist jedoch symbolisch weit über den Schauplatz des Romans hinaus und enthält eine Warnung vor der Gefahr, dass auch anderswo Menschen, die eine andere Ideologie, Religion, Rasse, Weltanschauung, Nationalität oder politische Meinung haben, Opfer einer eskalierenden Verfolgung und Liquidierung werden können.

Zur Erzähltechnik

Bei der Analyse der Erzähltechnik des Romans bestechen die ungemein subtil geknüpften Erzählstränge sowie die differenzierte Erzählperspektive. Von besonderem Reiz und Interesse ist hier das narrative Stilmittel der erlebten Rede (*discours indirect libre*) in vielfältigen Abwandlungen, wo die Wunschziele und Albträume des Protagonisten Charlie, seine Ängste, Befürchtungen und Ahnungen ihren Ausdruck finden und häufig nahtlos mit Dialog sowie Bericht und Beschreibung des auktorialen Erzählers verwoben sind.

Am Anfang des ersten Kapitels steht ein Monolog, der nicht als direkte Rede gekennzeichnet ist und dessen Sprecher zuerst rätselhaft erscheint. Man ist zunächst geneigt, ihn dem auktorialen Erzähler zuzuordnen, der als *narrateur complice* die Sorgen, Nöte und Wunschvorstellungen des Protagonisten artikuliert. Bald wird jedoch deutlich, dass es sich um eine Sprecherin, um Mademoiselle Irsch, die blinde Frau, handelt, bei der sich Charlie ein bescheidenes Taschengeld verdient und die ihn mit trostreichen Worten dazu ermutigt, sich das Geld von seinem Stiefbruder Éric nicht wegnehmen zu lassen: »On lâche pas son fric. On serre les dents comme un rat. [...] Ton frère c'est pas lui qui fait la loi« (S. 3).

Auf den Eingangsmonolog folgen knappe, temporeiche Dialoge zwischen Charlie und Mademoiselle Irsch, die auf den ersten Blick banal erscheinen, aber schon die aufkommende Nervosität Charlies erkennen lassen. Im Mittelteil des ersten Kapitels dominiert der auktoriale Erzähler, dessen Bericht fast unmerklich in die erlebte Rede des Protagonisten übergeht, der in einem fiktiven Dialog mit Mademoiselle Irsch seine berechtigten Ansprüche, als Adoptivsohn einer weißen Familie keinen rassistischen Diskriminierungen mehr ausgesetzt zu sein, geltend macht und der hierbei seine qualvollen Erlebnisse mit den Skinheads und die bohrenden Fragen und Vorwürfe seiner Stiefmutter Mado nacherlebt. Diese imaginäre Rückschau mündet in eine angsterfüllte Antizipation zukünftiger Gewalttätigkeiten: »Ton fric, Charlie, ton fric ou ta peau« (S. 7).

In dieser Phase der Handlung ist die erlebte Rede ein episches Stilmittel von suggestiver Evokationskraft. »Der Erzähler lässt uns seinen Helden miterleben im Zustand der Selbstmeditation in der 3. Person Singular. [...] Was der Erzähler im Helden miterlebt und den Leser miterleben lässt, ist mehr unbewusstes Denken und Fühlen als bewusste Rede. [...] Sie ermöglicht es dem Erzähler, den Helden denken und fühlen zu lassen, was ihm auszudrücken fernläge.«[1]

Im zweiten Kapitel wird der Bericht der schrecklichen Ereignisse von einem distanzierten Er-Erzähler gegeben, doch ist auch er durch die Vorstellungswelt und die Erlebnismitte des Protagonisten gefiltert. Als Charlie sich der Gefahrenstelle nähert, wo er zuvor gefoltert wurde, feuert er sich durch spontane Imperativimpulse zum aktiven Widerstand an: »Il sifflotait son air de rap en marchant, vas-y Charlie, t'es pas si petit. [...] Cool Charlie, vas-y!« (S. 8). In seinem euphorischen Wunschdenken fühlt er sich stark und groß, temperamentvoll unterstützt von allen Mädchen seiner Schule, die ihm übermenschliche Kräfte verleihen. Aber die Realität bricht jäh in seine Wunschwelt ein. Die Skins unter Führung seines Stiefbruders Éric schlagen ihn brutal nieder, fesseln ihn und versetzen ihn in Todesangst, indem sie ihn auf dem Schienenstrang des Schnellzugs Paris – Bordeaux festbinden. Die sich überstürzenden Ereignisse werden durch den Bericht des auktorialen Erzählers wiedergegeben, der häufig von den zynischen Dialogen der Skins mit Éric oder mit Charlie unterbrochen wird.

Im dritten Kapitel herrschen fast ausschließlich Dialoge vor, in denen Charlie in gerafften, aggressiven und vulgären Sätzen von seinen Adoptiveltern einem peinlichen Verhör unterzogen und von Éric in unflätiger Weise gedemütigt wird.

Eine interessante Variante der erlebten Rede findet sich im vierten Kapitel. In einem dramatischen inneren Monolog wird Charlies Angst, wieder ins Waisenhaus zurückgebracht zu werden, verdeutlicht: »Mado le regarderait [...]. Il l'entendrait téléphoner à Monsieur Valentin. Allô Monsieur Valentin ça ne va plus avec Charlie« (S. 31 f.). Dieser innere Monolog steigert sich zu einem imaginären Dialog mit Monsieur Valentin, als Charlie entdeckt, dass Mados Telefonanrufe nur fingiert

1 Hermann Pongs, *Lexikon der Weltliteratur,* Wiesbaden 1984, S. 287.

sind, um ihm Angst einzujagen: »C'est bien vous, Monsieur le directeur? Vous pouvez le jurer?« (S. 32).

Am Anfang des fünften Kapitels steht anstelle eines sachlichen Berichts des Er-Erzählers ein Aufsatz, den Charlie in der Schule geschrieben hat und der von seiner Lehrerin sehr gelobt wird. Diese makabre Niederschrift, die die Vorgeschichte von Charlies Geburt resümiert, ist Anstoß für einen höchst kontroversen Dialog zwischen Charlie und Éric, der neid- und hasserfüllt Charlies Aufsatz als »connerie« bezeichnet und seinen Stiefbruder erneut in höhnischer, sadistischer Weise quält.

Nach einer Rückblende im sechsten Kapitel, die die Anfänge der Bekanntschaft zwischen Charlie und Éric evoziert, wird Charlie Zeuge der Vernehmung Érics durch die Polizei. Er steht vor der verschlossenen Tür und lauscht dem Frage- und Antwortspiel, wobei die schnippischen, unverschämten Antworten Érics seine Gefährlichkeit und Abgefeimtheit offenbaren. In der folgenden Spiegelszene überwiegen kurze, stoßweise artikulierte Sätze und brutale Fragen, die die menschenverachtende Haltung Érics deutlich machen.

Im siebten Kapitel schildert Charlies Stiefmutter ihre Sorgen und Hoffnungen in einem Selbstgespräch, dessen Adressat und Zeuge ihr Stiefsohn ist. Im Verlauf dieses inneren Monologs stellt sie sich eine Reihe von rhetorischen Fragen, die sie spontan selbst beantwortet, wobei ihre Verbitterung über ihre Entsagungen und Enttäuschungen während ihres trostlosen, arbeitsreichen Lebens zum Ausdruck kommt. Das Kapitel endet mit dem eingehenden Bericht des Er-Erzählers über den Italiener, der angeblich keine Skins in seinem Kundenkreis hat, was jedoch durch die Anwesenheit der »deux types au crâne rasé« dementiert wird.

Im achten Kapitel schildert der allwissende Erzähler die (Selbst-)Zweifel, Ängste, und geheimen Wünsche des Protagonisten aus dessen eigener Perspektive. Hier steigern sich seine Halluzinationen und erotischen Wünsche zu einer fixen Idee, die sein Bewusstsein weitgehend bestimmt und beherrscht: »Rita, Charlie, c'est maintenant qu'il veut lui toucher les mamelles, pas hier, pas demain, c'est maintenant qu'il veut les tirer au clair et savoir si c'est chaud, si c'est lourd, si c'est fondant sous la joue comme le raisin« (S. 68). In einer antizipierenden Zukunftsvision malt er sich aus, welche Reise er mit Rita machen, welche Geschenke er ihr kaufen würde, wie er Ritas Liebe gewinnen könnte. Obwohl der auktoriale Erzähler, der *narrateur témoin*, seinen Bericht in der 3. Person Singular gibt, sind die Einzelheiten aus dem Blickwinkel und der Vorstellungswelt Charlies gesehen.

In einer erneuten Rückblende am Anfang des neunten Kapitels, die eine Retardierung im Spannungsbogen der bisher recht straffen Handlung darstellt, werden die Anfänge von Charlies Begegnung mit seiner Adoptivfamilie teils in Dialogen, teils in einem emotionsgeladenen Bericht geschildert. Die erlebte Rede (*discours indirect vécu*) veranschaulicht aus der Sicht Charlies die Empfehlungen seiner Betreuer im Hinblick auf seine Adoptiveltern: »Charlie, des gens pas très fortunés, mais ce sont deux anciens fonctionnaires, une garantie pour nous« (S. 76), sowie Charlies Wunschvisionen, die die bescheidene Realität verklären: »Il traduisait à l'envers: ses parents nageaient dans les dollars« (ebd.). Später relativiert er diese hochgesteckten Wünsche und äußert in kurzen, gefühlsbetonten Hauptsätzen seine Zufriedenheit, in einer Familie mit Durchschnittseinkommen zu leben, in der er als ebenbürtiges Mitglied aufgenommen wird: »Je ne suis presque plus un orphelin. [...] Il regarde sa peau: j'étais sûr qu'on blanchirait. Il se couche et s'endort. [...] Ça fait drôle, à douze ans, d'être un sac à poivre« (S. 77f.). Der Wechsel zwischen den Pronomina »il« und »je« verdeutlicht Charlies Hoffnung, nicht mehr als Schwarzer gedemütigt zu werden. Diese Hochstimmung wird erheblich gedämpft und schlägt um in Verzweiflung, als er glaubt, dass seine Traumfrau Rita mit einem anderen durchgebrannt sei. Wie in Trance erscheinen ihm nun alle Bekannten als bedrohliche Skinheads. Kurze Satzfragmente sowie mehrmalige Wiederholungen charakterisieren seine Bewusstseinsströme: »Monsieur Valentin: skinhead. Monsieur Bob et Mado: skinheads, les petits cons: skinheads, avec des glocks à la place des stylos, Rita: skinhead, la reine mère du groupe Zyklon« (S. 86). Die Reaktionen seiner Klasse und des Lehrers auf seine schlafwandlerische Bewusstseinstrübung sind das im Chor skandierte: »Lèche-cul, lèche-cul, lèche-cul« in mitleidloser Wiederholung sowie der lapidare Schlusskommentar: »Un zéro pour monsieur Bougran« (ebd.).

Der vorherrschende Erzählmodus im 11. Kapitel ist neben den Dialogen Éric – Charlie und Mado – Charlie der Bericht des auktorialen Erzählers, der jedoch immer wieder unterbrochen wird von den Phantasien des Protagonisten. Dabei wird die erlebte Rede des Protagonisten, bedingt durch seine Angst und seine sexuellen Wünsche, nahtlos zu einem imaginären Dialog mit der angebeteten Rita, deren Reize er sich lebhaft ausmalt und herbeiwünscht: »L'insomnie, ça mélange tout, la trouille, les couilles, allez, viens Rita, je sais que t'es là, pourquoi tu ne viens pas? [...] Rita reviendrait illico lui donner ses nibards à lui seul« (S. 88). Am Ende des 11. Kapitels gewinnt die Angst vor Éric und seinem Rollkommando die Oberhand. Zwischen aufkommender Panik und resignativer Selbstaufgabe ist Charlie entschlossen, sein Leben aufs Spiel zu setzen. Der anfeuernde, aufpeitschende innere Monolog des *narrateur provocateur* suggeriert eine Art Todesverachtung: »Il y va, le rap aux lèvres, il scande à mi-voix la trouille qui lui crève la peau: ›Vas-y Charlie, le monde est fini, la fille est partie, p't-être bien que t'es cuit, Charlie, t'es mort pour la vie‹« (S. 97).

Im 12. Kapitel erfährt der Leser wesentliche Einzelheiten über Érics Verhaftung und die Entscheidung des Musterungsausschusses, ihn nicht in die Armee aufzunehmen. In einer weinerlichen Selbstreflexion, deren narrative Strukturen rhetorische Fragen, knappe, stoßweise artikulierte Sätze, Interjektionen und stereotype Wiederholungen sind, sinniert Éric über die Peinlichkeit seiner Verhaftung in aller Öffentlichkeit. Charlie lauscht durch die verschlossene Tür dem eindringlichen, trostreichen Monolog Mados, in dessen Verlauf sie Éric wiederholt direkt anspricht, um ihm sein verlorenes Selbstbewusstsein wiederzugeben: »T'es trop fier pour pas commander. [...] tu t'es fait tout seul à Néry, t'es la fierté de la ville. [...]

ça leur fait peur les gars comme toi, t'as trop d'autorité sur les jeunes« (S. 103).

Am Beginn des 13. Kapitels steht ein Monolog des auktorialen Erzählers, der hier – stellvertretend für Mado – die Funktion des *narrateur avertisseur* erfüllt. Der Erzählmodus ist ein Mittelding zwischen Sermon, Warnung und Beratung, deren Adressat Charlie ist. Satzfragmente, persönliche Apostrophierungen, Interjektionen und Wiederholungen sind hier die charakteristischen Stilelemente: » Et ouais! [...] Pour ton bien, Charlie. Pour arrêter les frais, fiston. Pour étancher le déficit à tous les niveaux, du con! Le déficit, Charlie, les frais, ton bien. [...] Chacun son métier. Ton bien, Charlie, ton bien« (S. 106). Gegen Ende des kurzen Kapitels tritt der Er-Erzähler aus seiner Reserve heraus und malt sich aus, wie Éric nach seinen ethnischen Säuberungsaktionen die Nymphomanin Jacquotte vernaschen könnte. Die stilistischen Strukturen dieser makabren Vision sind Halbsätze, Imperativwendungen und Interjektionen vulgären und obszönen Inhalts: »Après les manifestants, la salope! Un coup en arrière, un autre en avant, et ran! plus fort. Bien en mains, les miches [...] sur une fesse de Jacquotte c'est tatoué: E comme Éric. Sur l'autre: S comme SS, comme Svastika. Au-dessus des poils du grouf: Z comme Zyklon, les gaz, hé hé« (S. 108).

Als sich Charlie am Ende des 14. Kapitels den Skinheads ausliefern will, trauert er in einem erschütternden Selbstgespräch seinen verpassten Chancen beim anderen Geschlecht nach. Im 15. Kapitel kommt Charlie dann ans Ziel seiner Wünsche: »moi, je suis naze, viens Marlène, on y va. Ils y allèrent. À l'aube Charlie découvrit qu'il était béni« (S. 117). Der Wechsel zwischen 1. und 3. Person Singular in diesem Selbstgespräch macht deutlich, dass er sich nach Erfüllung seines Lebenstraumes nicht mehr als »Noir Animal« diskriminiert fühlt.

Im Schlusskapitel wendet sich der Protagonist Charlie direkt an die Leserinnen seiner Erlebnisdokumentation. In einem detaillierten Monolog, dessen Satzanfänge zwischen »on«, »je« und »elle« variieren und eine subtile Gewichtung implizieren, kommen seine überströmenden Gefühle zum Ausdruck über sein Glück, in Marlène die ideale Frau gefunden zu haben, die ihm sieben Kinder geschenkt hat. Nicht zuletzt sind auch seine erotischen Visionen erfüllt worden. Wenn er an Marlènes Reize denkt, verliert er sich in atemberaubenden Lobeshymnen, die er in einem überschwänglichen Sinnenrausch stammelnd artikuliert: »Ma femme à présent, Marlène. Je ne l'ai jamais autant aimée. Coupez-lui la tête, elle reste vivante. Elle a ses racines, elle a ses … je n'appelle plus ses … des nibards. Je les appelle autrement. Ils n'ont jamais été si beaux, si puissants« (S. 123f.).

Jetzt wo er überall weiße Freunde und eine weiße Frau hat, fühlt er sich von allen akzeptiert, sodass die stereotype Formulierung, die den ganzen Roman leitmotivisch als Forderung und Zielvorstellung durchzieht und seine Gedanken unaufhörlich beherrscht hat, ihre Erfüllung findet: »Et moi, moi! [...] Vas-y Charlie, t'es pas si petit, t'es pas si noir, t'es pas si mal, pas si noir animal« (S. 124).

Langue populaire und Argot

Die vom Autor gewählte Erzähltechnik verlangt eine adäquate sprachliche Durchformung des Romans. Um die dramatischen Ereignisse hautnah zu schildern, bedient sich Yann Queffélec weitgehend der Umgangssprache (*langue parlée*), erstaunlicherweise nicht nur in den Dialogen, sondern auch in Bericht und Beschreibung, was dem Ganzen eine persönliche, intime Note verleiht, den Leser spontan in das Erzählgeschehen einbezieht und nicht zuletzt eine unter die Haut gehende Wirkung erzielt.

Die Umgangssprache heißt auch Volkssprache (*langue populaire*), deren Wörter und Wendungen in den Wörterbüchern unter den Abkürzungen fam., pop., vulg. zu finden sind, wobei sich die Verfasser oft nicht ganz einig über die Abgrenzungen zwischen den Begriffen sind. In der Vergangenheit ist die Volkssprache als das Idiom bezeichnet worden, dessen sich das Volk ständig und zwanglos bedient. Diese Definition errichtete jedoch zwischen der geschriebenen Sprache (*langue écrite*) und der Volkssprache eine Klassenschranke. Eine solche Trennung ist seit dem Zweiten Weltkrieg aber nicht mehr so deutlich festzustellen. Durch die fortschreitende Demokratisierung der Sprache – bedingt durch Radio und Fernsehen – ist die Bezeichnung Volkssprache (*langue populaire*) im Grunde nicht mehr gerechtfertigt. Es ist die Sprache geworden, die von allen Franzosen ohne Klassen- und Standesunterschiede gesprochen wird.

Das Argot, das häufig mit der Volkssprache verwechselt wird, ist dagegen eine Kunstsprache (*langue artificielle*), deren Wörter und Wendungen nur von einer kleinen Gruppe von Eingeweihten (*initiés*) verstanden werden sollen. Es gibt z. B. ein Argot der Banker, der Polizisten, der Informatiker, der Soldaten, der Gefangenen, der Unterwelt usw. Man bedient sich hier einer bestimmten auf das Fach und Milieu bezogenen Terminologie, um sich von anderen Bereichen abzugrenzen und von Nichteingeweihten nicht verstanden zu werden.

Die Sprache ist etwas Lebendiges, das sich ständig verändert, Altes, Abgegriffenes abstößt, Neuem Platz macht und sich in einem permanenten Entwicklungsprozess befindet. Die Entwicklung der Volkssprache oder – treffender formuliert – der Umgangssprache (*langue parlée*), d. h. die Aufnahmebereitschaft und Ausscheidungsmöglichkeit bestimmter Wörter und Ausdrücke, hat in den letzten Jahrzehnten des 20. Jahrhunderts eine spürbare Beschleunigung erfahren. Es kann vorkommen, dass mehrere Generationen, die demselben Familienverband angehören, sich nicht mehr oder nicht immer verstehen. So haben z. B. bestimmte Begriffe der Schriftsprache, die jahrhundertelang die gleiche Bedeutung besaßen, in der Umgangssprache der letzten Jahrzehnte eine rapide Bedeutungsveränderung bzw. Bedeutungserweiterung erfahren. Das Substantiv *la perle*, das jahrhundertelang ›die Perle‹ oder ›das Beste‹ bedeutete, hat in der *langue parlée* die Bedeutung ›Edelnutte‹ und später ›Furz‹ (*lâcher une perle*) angenommen. Ähnliches gilt für *le grelot*: ›Klingel‹ oder ›Glöckchen‹ in der

Schriftsprache, in der Umgangssprache von heute ›Telefon‹ (*donne-moi un coup de grelot*) oder ›Hoden‹ (*les grelots*). Die jahrhundertelange Bedeutung *sauce* ›Soße‹, später ›Platzregen‹ erfährt im 20. Jahrhundert eine Bedeutungserweiterung im militärischen Bereich: ›Maschinengewehrsalve‹ (*balancer la sauce*) oder auf dem Gebiet der Verkehrsmobilität: ›Gas geben‹ (*rajouter la sauce*).

Die Umgangssprache setzt sich häufig über die Regeln der Grammatik und Syntax der Schriftsprache (*langue écrite*) hinweg. So wird die Negation *ne* sowie der Vokal u beim Personalpronomen *tu* vor vokalischen Anlaut des nächsten Wortes weggelassen: *J'en veux pas, t'es fou, non?, j'ai pas d'argent, je voudrais pas que t'attrapes froid, y a personne.*

Bei der Frageform rückt das Fragepronomen meistens ans Satzende: *Ça fait combien?, C'est quand?, On est où?*. Die Paraphrasierung mit *est-ce que* bzw. die Inversion entfallen ganz: *T'as froid?, Je me trompe?, Tu reconnais, Charlie?, Alors ça vient?*

Präpositionen werden zu Adverbien: *Nous sommes contre, ça va avec, elle ne sort jamais sans.*

Das Relativpronomen *que* ersetzt manchmal die Präpositionen *où* und *dont*: *C'est une affaire que nous pouvons être fiers, c'est l'endroit qu'elle travaille depuis longtemps.*

Das grammatische Geschlecht wird oft geändert, so dass männliche Substantive mit stummer e-Endung weiblich werden: *une grosse légume, la belle âge, une clope* (Zigarette).

Die gesprochene Sprache sträubt sich dagegen, das Verb im Singular zu gebrauchen, wenn der Sinn des Satzes den Plural verlangt: *Aucun de nous ne l'avons cru, la plupart s'en vont.*

Das Imperfekt des Konjunktivs ist in der *langue parlée* ganz verschwunden, und der Indikativ Präsens ist dabei, den Konjunktiv ganz zu verdrängen: *C'est idiot qu'il n'a pas téléphoné.*

Es ist schon heute absehbar, dass das Futur bald durch das Präsens ersetzt werden wird: *Nous allons demain en Italie.*[2]

2 Vgl. François Cavadec, *Dictionnaire du français argotique et populaire,* Paris 1977, S. 11f.

Es muss jedoch eindringlich davor gewarnt werden, nach kurzzeitiger Beschäftigung mit der *langue parlée* bestimmte Wörter und Wendungen im Alltagsgespräch anzuwenden, wenn man sie nur aus dem *Dictionnaire du français argotique et populaire* kennt. Verblüffung und Peinlichkeit werden groß sein, wenn man z. B. das Substantiv *tracassin* in der Bedeutung ›innere Unruhe‹ verwenden will und übersehen hat, dass es daneben ›morgendliche Erektion‹ bedeuten kann.

Oder wenn man das Substantiv *berlingot* im Sinne von ›altes Auto, Schlitten‹ benutzt und plötzlich bemerkt, dass der Kontext des Gesprächs die Bedeutung ›Klitoris, Jungfräulichkeit‹ insinuiert, oder wenn man das Adjektiv *bourré, e* in der Bedeutung ›reich‹ (*bourré, e de fric*) verwendet, aber die Bedeutung ›besoffen‹ (*bourré, e comme un coing*) nicht kennt.

Weil in den Wörterbüchern weiterhin die Abkürzung pop. für Wörter und Ausdrücke der Umgangssprache verwendet wird, wurde sie im Glossar ebenfalls beibehalten. Mit dem Kürzel pop. bzw. vulg. sind alle Argot-Wendungen versehen, die hier keinem bestimmten Milieu oder Fachbereich zugeordnet werden können.

Helmut Keil

Inhalt

Französische Fremdsprachentexte

IN RECLAMS UNIVERSAL-BIBLIOTHEK

Jean Anouilh: Antigone. 118 S. UB 9277

Marcel Aymé: Le Passe-muraille et autres nouvelles. 88 S. UB 9179

Honoré de Balzac: Le Colonel Chabert. 132 S. UB 9159

Baudelaire, Rimbaud, Verlaine, Mallarmé: Poésies. 94 S. UB 9286

Tahar Ben Jelloun: Les Raisins de la galère. 176 S. UB 9056

Boileau/Narajac: Le Fusil à flèches. 85 S. UB 9269

Albert Camus: L'Étranger. 165 S. UB 9169 – L'Hôte / Le Premier Homme. 164 S. UB 9041

Jean Cocteau: La Voix humaine / Le Bel Indifférent. 69 S. UB 9031

Contes d'amour. 159 S. UB 9014

Contes provençaux. 149 S. UB 9052

Conteurs du Maghreb. 159 S. UB 9036

*Conteurs français du XX*e *siècle.* 192 S. UB 9046

Conteurs franco-canadiens. 168 S. UB 9067

Conteurs francophones noirs. 194 S. UB 9074

Pierre Daninos: Vacances à tous prix. 87 S. UB 9199

Raymond Devos: Matière à rire. Sketches. 80 S. UB 9002

Maurice Druon: Tistou les pouces verts. 134 S. UB 9282

Marguerite Duras: Moderato Cantabile. 124 S. UB 9032

Annie Ernaux: Une Femme. 95 S. UB 9278

Gustave Flaubert: Un Cœur simple. 91 S. UB 9200

La France. Regards sur un pays voisin. 290 S. UB 9068

La France qui rit. 95 S. UB 9021

André Gide: L'École des femmes. 123 S. UB 9189

Pierre Jakez Hélias: Contes bretons. 102 S. UB 9055

Eugene Ionesco: La Cantatrice chauve. 69 S. UB 9164

Mathieu Kassovitz: La Haine. Scénario. 155 S. UB 9081

Jean de La Fontaine: Fables. (Ausw.) Ill. von Gustave Doré. 96 S. UB 9182

Louis Malle: Au revoir, les enfants. 141 S. UB 9290

Guy de Maupassant: Contes. 79 S. UB 9153 – Boule de suif. 96 S. UB 9011 – Six contes. 138 S. UB 9037

François Mauriac: Thérèse Desqueyroux. 173 S. UB 9230

Prosper Mérimée: Carmen. 111 S. UB 9171

Patrick Modiano: Fleurs de Ruine. 143 S. UB 9004

Molière: L'Avare. 144 S. UB 9022 – Le Malade imaginaire. 127 S. UB 9217 – Le Tartuffe. 131 S. UB 9087

Montesquieu: Lettres persanes. (Ausw.) 157 S. UB 9226

Nouvelles françaises contemporaines. 175 S. UB 9012

Paris en poésie. 88 S. UB 9246

Poèmes d'amour. 94 S. UB 9018

Jacques Prévert: Poèmes et Chansons. 92 S. UB 9155

Jean Racine: Phèdre. 135 S. UB 9299

Christiane Rochefort: Les Petits Enfants du Siècle. 167 S. UB 9265

Jules Romains: Knock ou Le Triomphe de la Médecine. 111 S. UB 9154

Edmond Rostand: Cyrano de Bergerac. 240 S. UB 9026

Françoise Sagan: Aimez-vous Brahms ... 143 S. UB 9238

Antoine de Saint-Exupéry: Courrier Sud. 151 S. UB 9174

Jacques Salomé: Contes à guérir, contes à grandir. 86 S. UB 9064

Jean-Paul Sartre: Morts sans sépulture. 109 S. UB 9175

Jean-Jacques Sempé / René Goscinny: Le Petit Nicolas. Mit Zeichn. 75 S. UB 9204

Georges Simenon: L'Amoureux de Mme Maigret. 78 S. UB 9291

Michel Tournier: Contes et petites proses. 85 S. UB 9280

Voltaire: Candide ou l'Optimisme. 184 S. UB 9221

Philipp Reclam jun. Stuttgart

Fremdsprachentexte

IN RECLAMS UNIVERSAL-BIBLIOTHEK

Englische Prosa

Margaret Atwood: *Polarities.* Selected Stories. 170 S. UB 9008

James M. Barrie: *Peter Pan.* 219 S. UB 9294

John Buchan: *The Thirty-Nine Steps.* 221 S. UB 9051

Anthony Burgess: *A Clockwork Orange.* 261 S. UB 9281

Lewis Carroll: *Alice's Adventures in Wonderland.* Ill. 165 S. UB 9160

Gilbert Keith Chesterton: *Two Father Brown Stories.* 80 S. UB 9223

Joseph Conrad: *Heart of Darkness.* 189 S. UB 9161

Roald Dahl: *Three Tales of the Unexpected.* 96 S. UB 9215 – *The Witches.* 192 S. UB 9080

Charles Dickens: *A Christmas Carol.* 155 S. UB 9150

Arthur Conan Doyle: *The Speckled Band.* Four Sherlock Holmes Stories. 184 S. UB 9003

Daphne Du Maurier: *The Birds.* 76 S. UB 9287 – *Don't Look Now.* 109 S. UB 9054

English Aphorisms. 148 S. UB 9296

Nadine Gordimer: *Town and Country Lovers. Three Stories.* 96 S. UB 9237

Graham Greene: *The Basement Room.* Selected Stories. 144 S. UB 9015 – *The Third Man.* 173 S. UB 9180

James Herriot: *Yorkshire Tales.* 165 S. UB 9044

Aldous Huxley: *Brave New World.* 323 S. UB 9284

Christopher Isherwood: *Goodbye to Berlin.* 328 S. UB 9010

James Joyce: *Dubliners.* A Selection. 104 S. UB 9181

Judith Kerr: *When Hitler Stole Pink Rabbit.* 268 S. UB 9076

Rudyard Kipling: *The Jungle Book.* 219 S. UB 9244

John le Carré: *Call for the Dead.* 240 S. UB 9048

Doris Lessing: *Three African Stories.* 77 S. UB 9245 – *To Room Nineteen.* 72 S. UB 9151

Katherine Mansfield: *The Garden-Party.* Five Short Stories. 85 S. UB 9152

W. Somerset Maugham: *The Letter.* 75 S. UB 9183 – *Rain.* 88 S. UB 9061

Ian McEwan: *The Cement Garden.* 182 S. UB 9069

A. A. Milne: *Winnie-the-Pooh.* Ill. 180 S. UB 9231

George Orwell: *England Your England and Other Essays.* 122 S. UB 9024

Rosamunde Pilcher: *Snow in April.* 262 S. UB 9017

Alan Sillitoe: *The Loneliness of the Long-distance Runner.* 88 S. UB 9192 – *Saturday Night and Sunday Morning.* 360 S. UB 9038

Muriel Spark: *The Prime of Miss Jean Brodie.* 189 S. UB 9193

Robert Louis Stevenson: *The Bottle Imp.* 59 S. UB 9157 – *The Strange Case of Dr. Jekyll and Mr. Hyde.* 119 S. UB 9167 – *Treasure Island.* Ill. 334 S. UB 9258

J. R. R. Tolkien: *Farmer Giles of Ham.* Ill. 112 S. UB 9025

Urban Legends. 104 S. UB 9065

Evelyn Waugh: *The Loved One.* 192 S. UB 9233

Fay Weldon: *The Fat Woman's Joke.* 216 S. UB 9028

H. G. Wells: *The Invisible Man.* 270 S. UB 9013 – *The Time Machine.* 160 S. UB 9176

Oscar Wilde: *The Canterville Ghost.* 64 S. UB 9177 – *The Happy Prince and Other Tales.* 91 S. UB 9293 – *The Picture of Dorian Gray.* 344 S. UB 9019

Virginia Woolf: *Mrs Dalloway's Party.* A Short Story Sequence. 93 S. UB 9196

Philipp Reclam jun. Stuttgart